Manfred Gundel

## Historische
# Feldlager

### Handbuch - Zelte - Ausrüstungen
### Anleitungen - Zubehör

Zeichnungen: Manfred Gundel
Text: Manfred und Waltraud Gundel
Fotos: Manfred Gundel

ISBN 3-9807071-0-5

1. Auflage 2000
Copyright (c) 2000 by Verlag GMN,
Manfred Gundel Leyherstraße 105, 90431 Nürnberg

Herstellung:Libri Books on Demand

**Für Manfred ✞ und Daniel**

Hiermit sage ich allen Dank die mir geholfen haben, dieses Buch fertig zu stellen.

Meiner geliebten Ehefrau, die mit immer half und meine Zettelwirtschaft und Gedanken im Computer in eine einigermaßen lesbare Form brachte.

Den Herren,

Georg Schindlbeck welcher mir durch hervorragende Vorstellungen seiner Truppe gute Anregungen vermittelte und über dessen Rat und Hilfe ich mich immer freue.
Horst Eckstein der mit mir die jetzt aufgezeichneten Erfahrungen als Veranstalter der zwei 18.ten Jahrhundertfeste in Pyrbaum machte und mich ermutigte diese aufzuschreiben.

Allen meinen Freunden
die mich moralisch bei der Fertigstellung dieses Werks unterstützten.

# Inhaltsverzeichnis

# **Vorwort**

Da seit einiger Zeit der Trend zu historischen Lagern bei vielen Vereinen oder Gruppierungen vorhanden ist, möchte ich einmal aufzeigen was hierfür als Grundausstattung für ein schönes " stilechtes " Lager nötig ist. Ich möchte mich in diesem Buch auf die Beschreibung des Lagers beschränken und nicht auf Kleidung eingehen da dieses ein Thema ist welches so weitschweifig und vielfältig ist daß ich es hier eigentlich ausgrenzen möchte, außerdem gibt es hierfür schon genügend Material daß man hier andere Quellen meist ja schon zu genüge im Bücherschrank stehen hat. Denn man fängt ja eigentlich mit der Bekleidung an und nicht mit der Campausrüstung.

Und schon sind wir beim Thema, ich möchte Ihnen hier einen Grundstock an Campausrüstung aufzeigen welche ich anhand von Zeichnungen und Bildern erklären werde.

Ich werde auch versuchen zukünftigen Veranstaltern einige wertvolle Erfahrungen weiterzugeben welche ich als eigener Veranstalter gesammelt habe.

Ich möchte an dieser Stelle von vornherein einmal klarstellen daß meine Angaben in diesem Buch nicht den Anspruch der Vollständigkeit erheben, da so viele Faktoren eine Rolle spielen können welche ich nicht alle einkalkulieren kann und die teilweise von Ort zu Ort unterschiedlich sind. Außerdem möchte ich bei der Ausführung Ihren eigenen Gedankengängen und Ihrer Kreativität einen recht großen Spielraum lassen, denn solche Lager sollen Ihre eigene Atmosphäre entwickeln können, um eine gewisse Vielfältigkeit nicht zu verlieren und nicht jedes Lager soll gleich sein, sonst würde mit der Zeit eine Eintönigkeit eintreten und niemand hätte mehr Interesse ein solches Lager zu besuchen, eine gewisse Wiederholung der Aktivitäten läßt sich allerdings nicht ausschließen und das ist den Aktivisten auch vollkommen klar.

Es sollen hier nur die wichtigsten Grundvoraussetzungen und Ideen, positive wie auch negative, Erfahrungen die ich selbst als Aktivist und Veranstalter (1800 Jahrhundertlager zu Pyrbaum, Horst Eckstein und ich waren die Veranstalter) gesammelt habe weitergegeben werden. Durch seinen Inhalt soll sich dieses Buch aber nicht nur an Ausrichter wenden sondern vor allem an Aktivisten, denn ich bespreche hierin auch Zelte und deren Grundausstattung etc.. , ich werde versuchen an Hand von Zeichnungen und auch Fotos die richtige Form für das richtige Jahrhundert aufzuzeigen und erläutern, beim Anfertigen von anderen Dingen welche man für ein Lager benötigt, oder auf was man achten sollte wenn man verschieden Dinge machen lassen muß, auch von Verbesserungen die sich erst im nachhinein herausgestellt haben.

Da dieses Buch eine Zeitspanne von ca. 3 Jahrhunderte möglichst abdecken soll sind einige Angaben unterschiedlich oder überschneiden sich, daher habe ich mir gedacht daß ich bei diesen Angaben eine Markierung setze an welcher Sie ohne lange suchen zu müssen, ersehen welcher Zeit sie sich zuordnen lassen.

- • 17. Jahrhundert
- ➤ 18. Jahrhundert
- ☐ 19. Jahrhundert

Ich hoffe trotz der Vielfältigkeit des Themas eine gewisse Ordnung der Reihenfolge eingehalten zu haben, um die ganzen Angaben nicht als ein wüstes Durcheinander erscheinen zu lassen

# Checkliste

## Papierkram:

- ☐ Einladungen verfassen, mit Anfahrtsplan
- ☐ Einladungen drucken oder kopieren
- ☐ Einladungen verschicken
- ☐ Proklamation für die Festteilnehmer entwerfen und realisieren (ca. 15 Stück A2)
- ☐ Eingangsschild entwerfen und malen (groß!)
- ☐ Wegweiser "zum Festh" machen
- ☐ Pressemitteilung verfassen und verschicken
- ☐ Historische Speise- und Getränkekarten herstellen
- ☐ Karte vom Grundstück besorgen
- ☐ Geländeaufteilung machen
- ☐ Veranstalter - Haftpflichtversicherung abschließen.
- ☐ Plakate entwerfen, texten und drucken für die Einwohner der nächstgelegenen Ortschaften (bei Veranstaltungen mit Öffentlichkeitszugang)

## Allgemeine Vorbereitungen

- ☐ Wegweiser fertigen
- ☐ Eingangsschild fertigen
- ☐ Getränke (Bier / Alkoholfreies) bei Brauerei oder Händler bestellen
- ☐ Spirituosen bestellen
- ☐ Essen einkaufen
- ☐ Musikanten wenn vorhanden verständigen
- ☐ wenn nicht vorhanden Toiletten bestellen

## Vorbereitungen am Austragungsort

- ☐ Stroh bestellen
- ☐ Parkplätze sichern
- ☐ Wasserversorgung sichern
- ☐ Wasserstelle auf dem Gelände tarnen.
- ☐ Fahnen, Transparent, Schilder und Laternen am Eingang aufstellen, gut sichtbar machen.
- ☐ Schranke aufbauen, Wachhäusl oder Wachbank aufstellen.
- ☐ Anfahrt ausschildern
- ☐ Toiletten aufstellen.
- ☐ Marketenderei aufstellen.
- ☐ Vorratszelt aufbauen.
- ☐ Feuerstellen anlegen.
- ☐ Parkplätze abgrenzen.
- ☐ Stangen besorgen
- ☐ Feuerholz besorgen
- ☐ Feuerlöscher nicht vergessen

## Einteilungen:

- ☐ Für Ausschank Markederterei
- ☐ Für Essensausgabe Markederterei
- ☐ Für Platzzuweisungen für Zelte und Autos
- ☐ Aufsicht
- ☐ Wachdienst

# <u>Genehmigungen</u>

**Genehmigungen: (welche einzuholen sind)**

Grundstückseigentümer
Bürgermeister ( Ordnungsbehörde, Landratsamt)
Förster (wegen Feuer und Holz sammeln im Wald)
bei Zugang der Öffentlichkeit (Tag der offenen Tür) Ordnungsamt
Haftpflichtversicherung:
für die Dauer eines größeren Lagers sollte vom Veranstalter eine
Haftpflichtversicherung abgeschlossen werden, sie ist nicht sehr
teuer, sichert aber eintretende Unfälle und sonstige Eventualitäten
ab.

**Genehmigungen:**
**(welche vom Veranstalter erteilt werden)**

Berufsmäßige Fotografen (Presse) brauchen vom Veranstalter
eine Genehmigung. Für Handeltreibende (Reisegewerbekarte
mindestens Gewerbeanmeldung sollte der Handeltreibende
besitzen) außer für Deckenverkauf.

# **Einladungen**

In die Einladung gehört hinein:
Ort
Zeit
Anreise ab wann
Abreise bis wann
Zeitepoche: Die Zeitspanne für welche das Lager ausgerichtet werden soll.
Stilgenauigkeit:     für Kleidung
                  Zelte
                  Ausrüstung
                  (Rauchen)

Voll- oder Selbstverpflegung, Getränkeversorgung
ob eine Markedenterei vorhanden ist und welche Artikel sie anbietet.
Wasser
Stangen (vorhanden oder nicht)
Stroh (vorhanden oder nicht)
Anfahrtsplan
Begrenzung der Einladung (soviel Personen)
Anschrift des Veranstalters
Tel. des Veranstalters
Rückantwortmitteilung (Anmeldung)
(Da Rückantworten erfahrungsgemäß sehr spärlich beim Veranstalter eingehen, sollte der Besucher sich mindestens telefonisch anmelden, da der Veranstalter eine ungefähre Besucherzahl wegen seiner Planung, Einkauf, Holz; Stangen etc. wissen sollte.
Eintrittskosten (Ein Unkostenbeitrag wird bei größeren Veranstaltungen nicht mehr zu vermeiden sein, da der/die

13

Veranstalter meist nicht alle der sehr hohen Ausgaben vorfinanzieren können)
Bei speziellen Feldlagern kann Vorkasse verlangt werden

Einladungen können schlicht oder sehr aufwendig auf teurem Papier gestaltet werden, dies bleibt dem Veranstalter aber selbst überlassen.

## Pressemitteilungen

In einer an die Presse gehennde Mitteilung sollte enthalten Sein:

*   Welche Art von Veranstaltung
*   Wer veranstaltet
*   Wann findet die Veranstaltung statt
*   Wo findet die Veranstaltung statt
*   Wie lange dauert die Veranstaltung
*   Vielleicht noch den Zweck der Veranstaltung (von Fall zu Fall verschieden)
*   Ist öffentlichkeit bie dieser Veranstaltung zugelassen oder nicht (wann und wie lange dürfen Besucher kommen)
*   Bei Eintrittpreis (Erwachsene/Kinder/Gruppen/Ermäsigungen)
*   Wer der Ansprechpartner ist(dieser sollte immer telefonisch oder persönlich erreichbar sein)
*   Vielleicht noch der Presse einen Termin nennen, wann Reporter die Veranstaltung besuchen können. (So können Sie es etwas steuern daß die Presse Ihre Veranstaltung nicht allzusehr stört)

Der Ansprechpartner wickelt die komplette Pressearbeit ab (keine teilung, gibt immer Kompetenzärger).
Die Pressemitteilung sollte in kurzer und knapper Form gehalten sein, länger als eine halbe Seite landet meist im Papierkorb.

Kleine Anmerkung:
Wenn die Presseleute mit Ihren Aufzeichnungen fertig sind, laden Sie die Reporter zu einem kleinen Imbiss ein, gute kontaktpfllege hat noch niemals geschadet. Bei zwanglosem zusammensitzen kann man sich auch etwas besser kennenlernen.

15

Sollte die Presse unangemeldet erscheinen, gehen Sie mit den Leuten durch das lager und erklären Sie alles. Aussperrungen ergeben nur negative Kritiken denn gute Kritiken helfen Ihnen und anderen Veranstaltern.

Eigene Berichte:

Wenn Sie selbstverfasste Artikel über Veranstaltungen an Zeitungen oder Zeitschriften schicken kann es passieren daß keine Reaktion erfolgt oder Ihr Artikel gekürzt oder teilweise eine andere Sichweise, als Ihre, erhält, was <u>nicht</u> unbedingt sein muß und ich habe die Erfahrung gemacht daß die meisten Veranstalter (mit eineigen Ausnahmen) keine Provischreiber und Fotografen sind und man die Presseaarbeit doch den Presseleuten überlassen sollte. Bei den von mir abgehaltenen Veranstaltungen waren die Artikel der schreibenden Zunft und die Sendungen des Fernsehens immer positiv und sehr ausgewogen.
Also Fazit: Schuster bleib bei deinem Leisten

# Zelte

## Planen und A-Zelte:

Zur Aufstellung einer Behelfsunterkunft mit einer kleinen Plane brauche ich keine Erläuterungen zu geben da Sie hinreichend bekannt sein dürften. Für eine Lodge (Seemannszelt) dürfte selbiges gelten.
Bei den Lodgen gibt es eine Variante mit einer darübergespannten Überplane (besserer Regenschutz).

In der Zeit vom 15 - 17 Jahrhundert gab es in Feldlagern Unterkünfte in A Form, welche mit Stroh, Reisig oder Grassoden gedeckt waren (siehe Abbildung)

Bei den A-Tents 1 - 3 wird ein zum Zelt gehörendes Gestänge benutzt. Dieses Zeltgestänge gibt es ohne und mit an den Enden aufgesetzten Holzkugeln. Die Holzkugeln werden auf Bolzen aufgesetzt welche durch die Querstange und die Stoffbahn durchgesteckt werden und im senkrechten Pfosten verschraubt ist.

Die A-Zelte 2 + 3 hatten in den Heeren früherer Zeiten spezielle Funktionen, (Packknechtzelt, Unteroffizierszelt, Subalternoffizierszelt), die von Heer zu Heer verschieden waren und in den Heeresordnungen nachzulesen sind.
Während des 17 Jahrhunderts werden (A-Tent 4) A Zelte mit speziellen Stützgabeln und teilweise angebundenen Dreiecken als Vorder- und Rückseite benutzt.
Bei der Stützgabel 2 handelt es sich um eine Erfindung des Nürnberger Ingenieurs Johann Karl. Sie hatte eine Doppelfunktion bei Stellung A als Stützgabel fürs Zelt, bei Stellung B als Musketenstützgabel

.

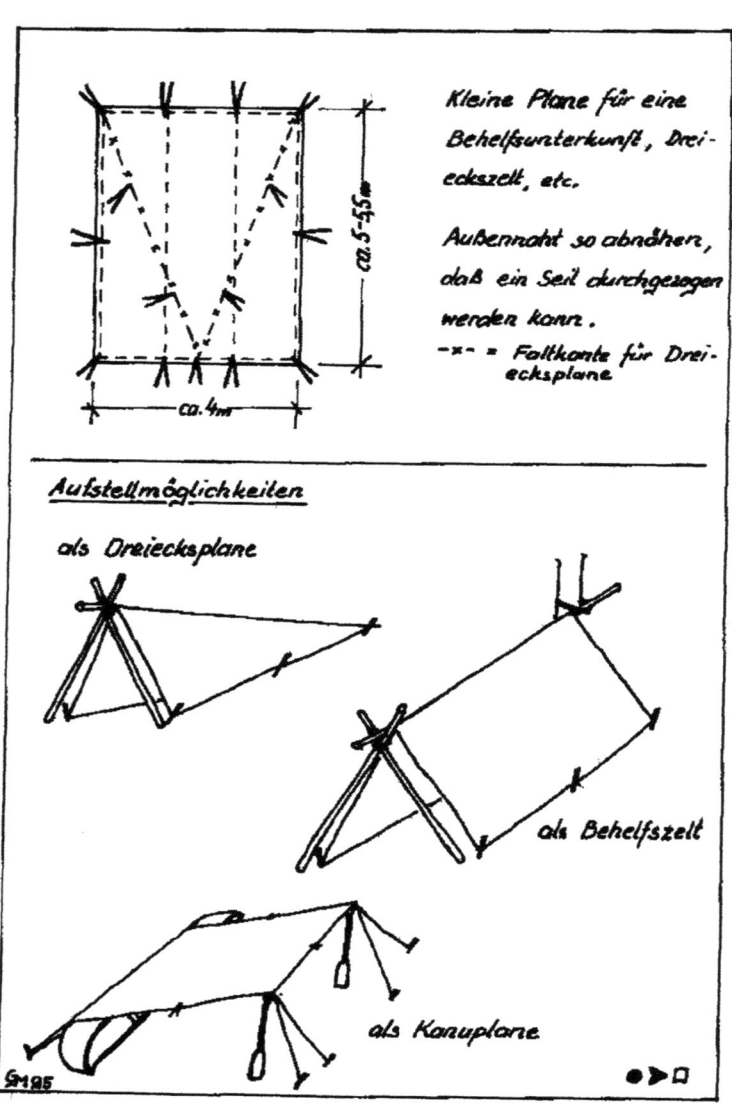

Kleine Plane für eine Behelfsunterkunft, Drei-eckszelt, etc.

Außennaht so abändern, daß ein Seil durchgezogen werden kann.

-×- = Faltkante für Drei-ecksplane

ca. 5-5,5 m

ca. 4 m

## Aufstellmöglichkeiten

als Dreiecksplane

als Behelfszelt

als Kanuplane

●▶□

18

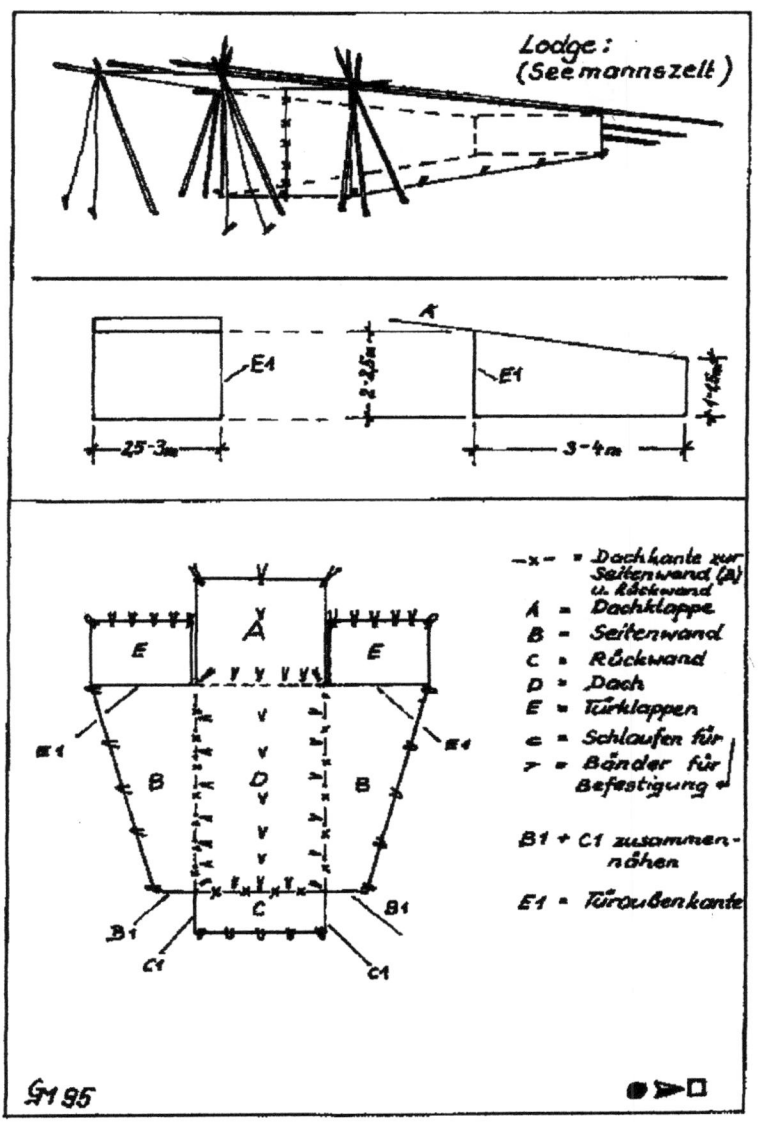

Lodge:
(Seemannszelt)

E1

25-3m

A

E1

2-2,5m

3-4m

1-1,5m

A

E    E

E1    E1

B    D    B

B1    B1

C1    C1

C

-x- = Dachkante zur
      Seitenwand (B)
      u. Rückwand

A = Dachklappe
B = Seitenwand
C = Rückwand
D = Dach
E = Türklappen
c = Schlaufen für
> = Bänder für
    Befestigung

B1 + C1 zusammen-
nähen

E1 = Türaußenkante

Gm 95

19

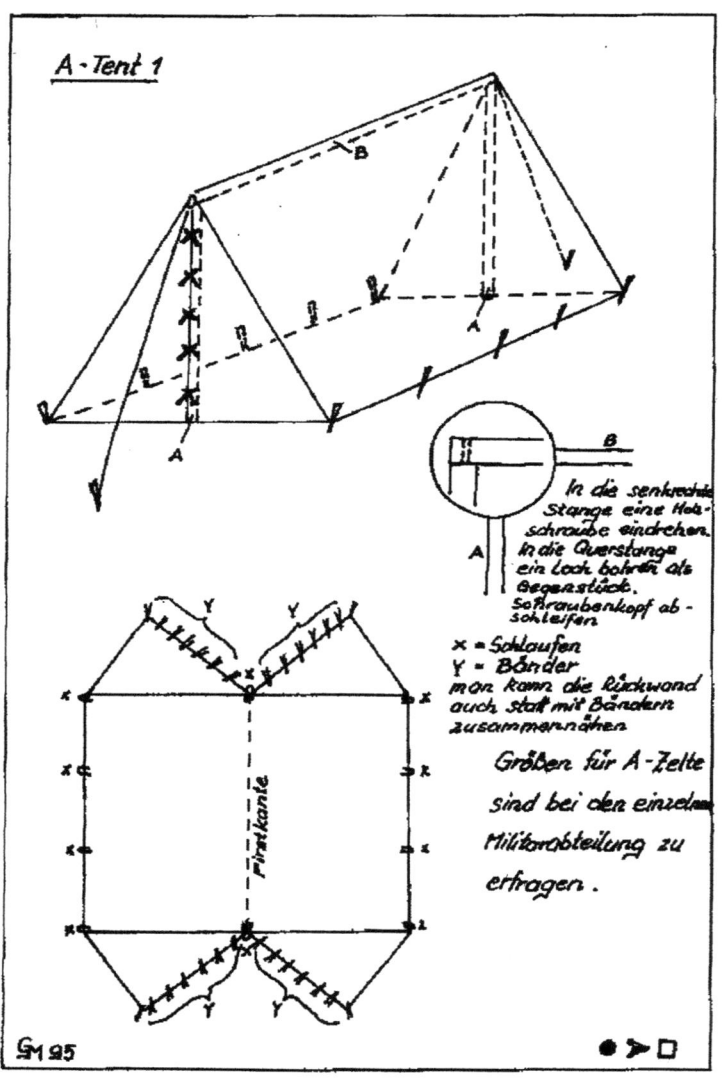

A - Tent 1

In die senkrechte
Stange eine Holz-
schraube eindrehen.
In die Querstange
ein Loch bohren als
Gegenstück.
Schraubenkopf ab-
schleifen

x = Schlaufen
Y = Bänder
man kann die Rückwand
auch statt mit Bändern
zusammennähen

Größen für A-Zelte
sind bei den einzelnen
Militärabteilung zu
erfragen.

Firstkante

GM 25

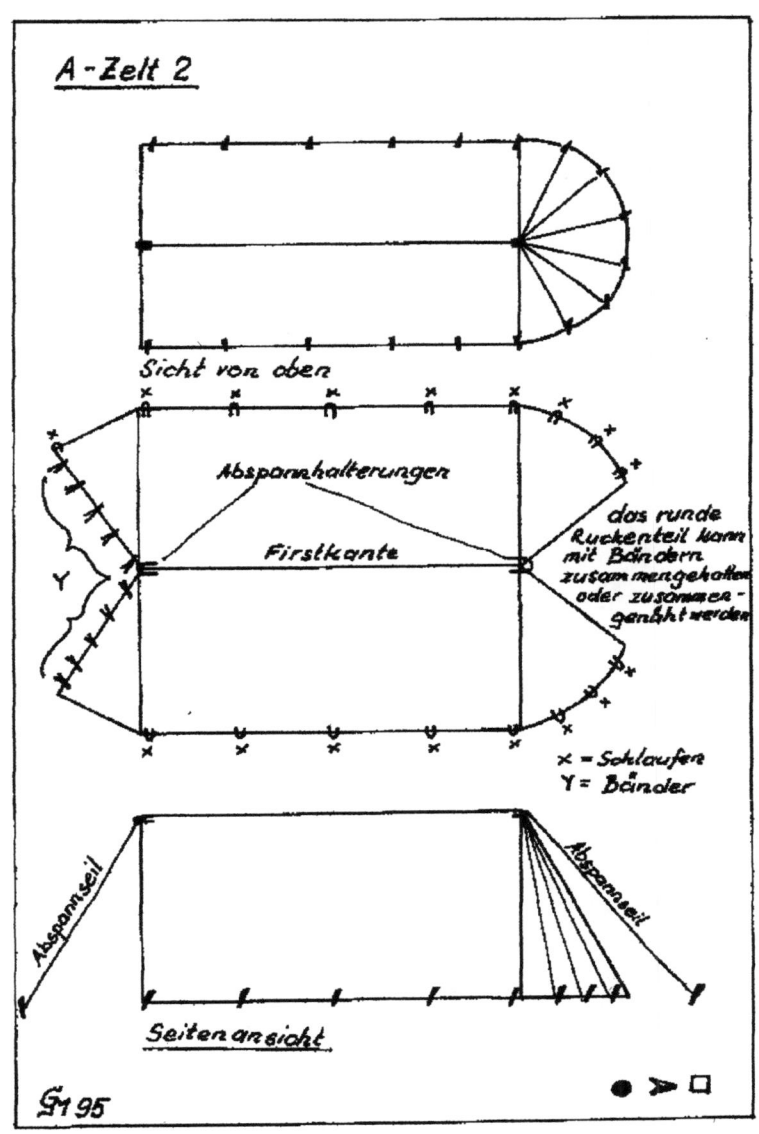

# A-Zelt 2

Sicht von oben

Abspannhalterungen

Firstkante

das runde Ruckenteil kann mit Bändern zusammengehalten oder zusammengenäht werden

Y

x = Schlaufen
Y = Bänder

Abspannseil

Abspannseil

Seitenansicht

● ➤ □

G.195

# A-Zelt 3

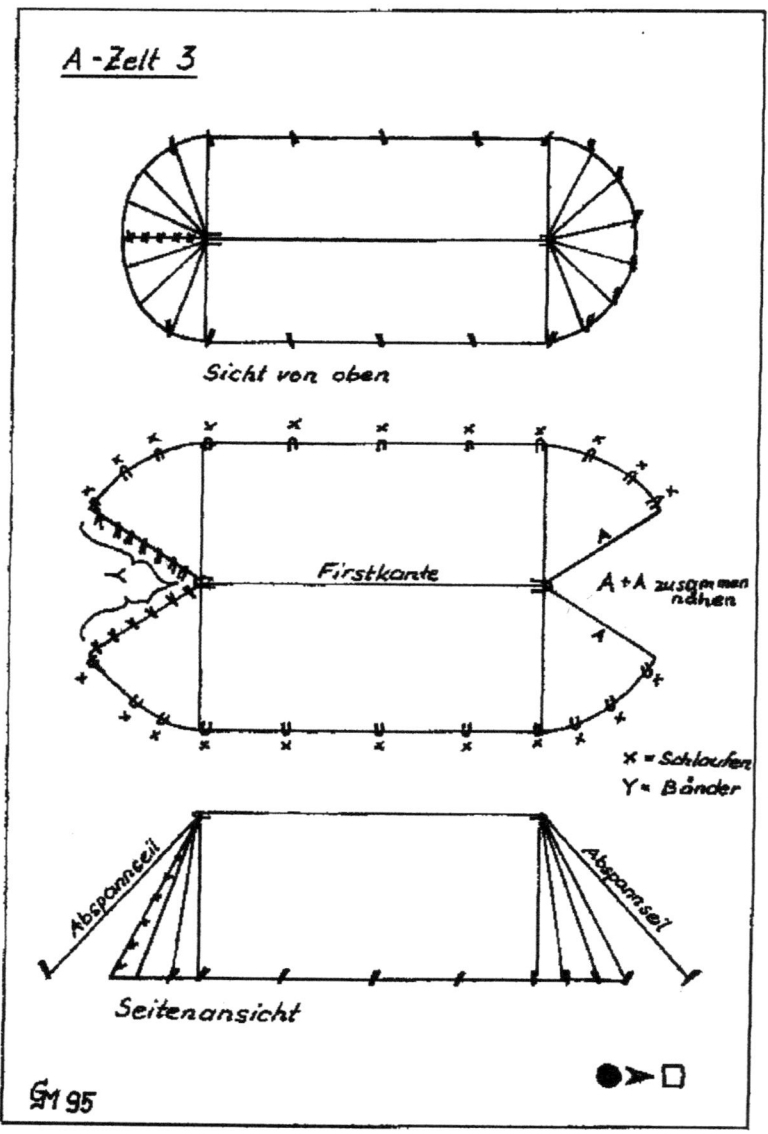

Sicht von oben

Firstkante

A + A zusammen nähen

x = Schlaufen
Y = Bänder

Abspannseil

Abspannseil

Seitenansicht

GM 95

## A-Zelt 4

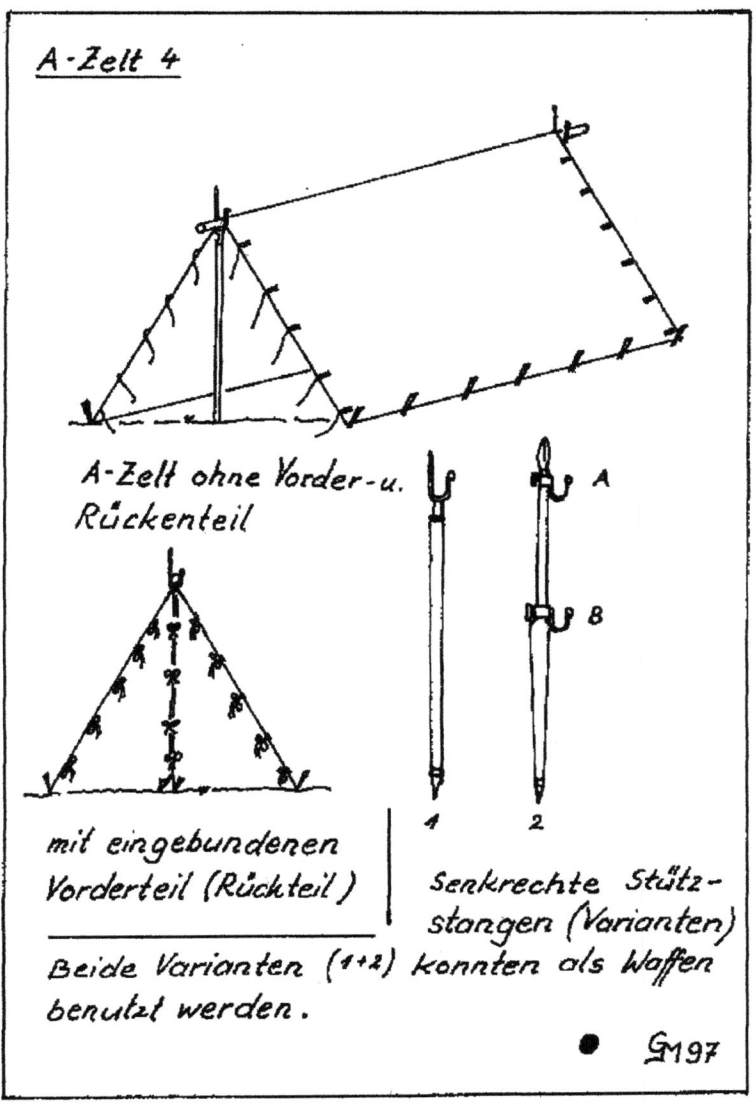

A-Zelt ohne Vorder- u. Rückenteil

mit eingebundenen Vorderteil (Rückteil)

A

B

1    2

Senkrechte Stütz-stangen (Varianten)

Beide Varianten (1+2) konnten als Waffen benutzt werden.

● GM97

23

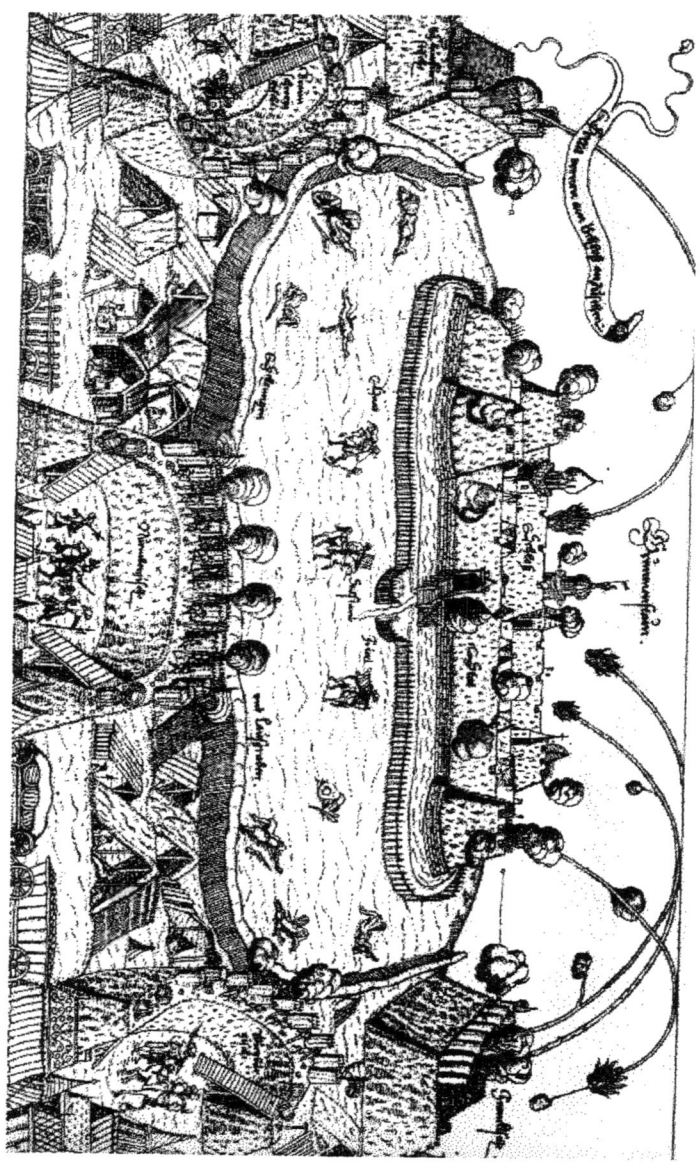

## Wall-Tent:

Die Wall-Tente sind in der gezeigten Form schon von den Römern (aus Ziegenleder) verwendet worden. Um Spannungen beim Aufstellen zu vermeiden sollten immer ganze Bahnen für Seiten und Dach benutzt werden. Zur besseren Stabilität der Abspannungsbänder sollte auf der Innenseite ein Stück Stoff mit den Gurtband vernäht werden.

Die Seitenriegel sollten nicht höher als die Seitenwand sein (unterlegen ist besser als abschneiden)

Bei einer Größe von 4,5 m Länge und 3 m Breite hat sich eine Abtrennung bei der 1 Bahn (ergibt 1,50 m x 3 m + 3 m x 3 m) sehr gut bewährt.

Für das Gestänge sollte Holz mit ⌀ 4,5 cm oder 5x5 cm Stärke genügend sein.

Bei den Türverschlüssen haben sich Knebel in Metallringen eingehängt sehr gut bewährt. Der Türverschluß mit Messingösen ist erst im 19 Jahrhundert anwendbar.

Wenn Ssie eine Abtrennung in der Mitte für Ihr Zellt ins Aauge faßenm, bei der eine Größe von 5x3 m, müssten die Abspannlaschen ffür die Zeltaußenwand ja in der Mitte sein, also statt 3 Bahnen a 1,60 cm, 4 Bahnen a 1,25 cm Breite was natürlich einen Außenspriegel und Abspannung pro Seite mehr ergibt.

Größer als 5x3 m sollte ein normales Zelt nicht sein. Es könnte Ihnen sonst wie mir ergehen. Ich hatte ein neues großes Zelt 5,2x3 m aufgestellt, als einer unserer Hobbyfreunde vorbeikam, es sich betrachtete und mich freundlich fragte: „Ist das jetzt ein Zelt oder ein Flugzeughangar".

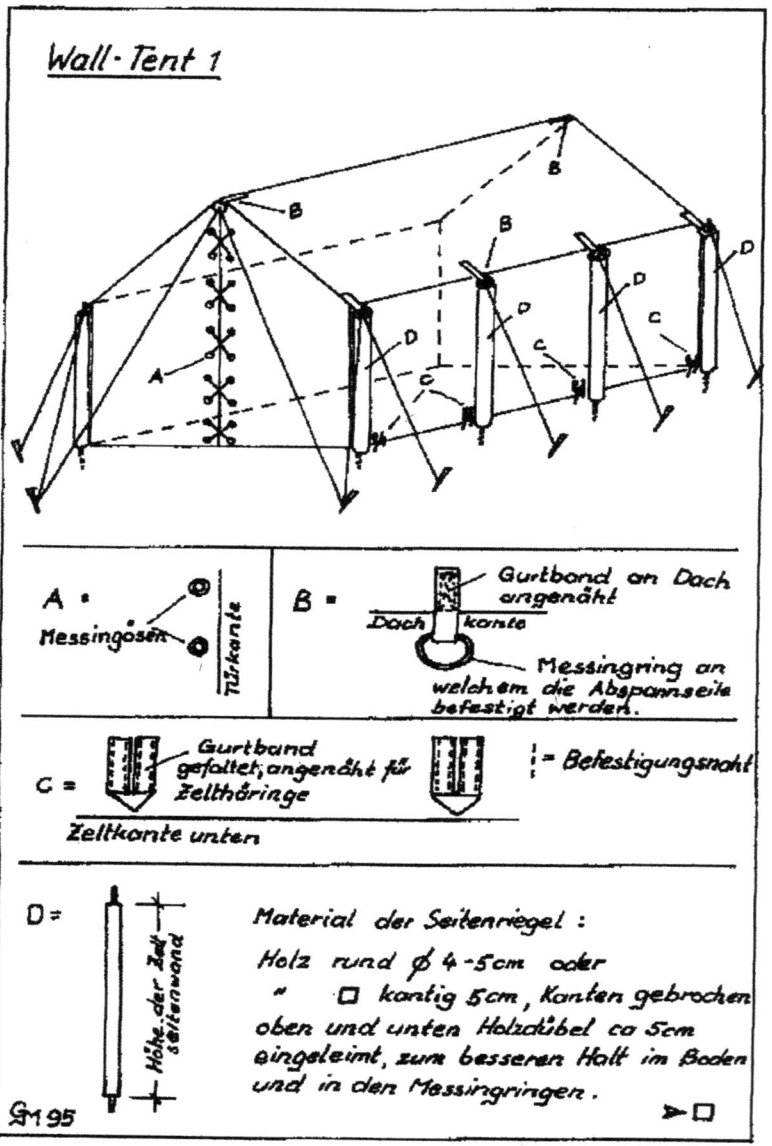

# Wall·Tent 1

**A =**
Messingösen

*Türkante*

**B =**
Gurtband an Dach angenäht
Dach kante
Messingring an welchem die Abspannseile befestigt werden.

**C =**
Gurtband gefaltet, angenäht für Zelthöringe
*= Befestigungsnaht*
Zeltkante unten

**D =**
*Höhe der Zelt Seitenwand*

Material der Seitenriegel :

Holz rund ⌀ 4-5 cm oder
" ☐ kantig 5 cm, Kanten gebrochen
oben und unten Holzdübel ca 5 cm
eingeleimt, zum besseren Halt im Boden
und in den Messingringen.

► ☐

GM 95

## Wall - Tent 2

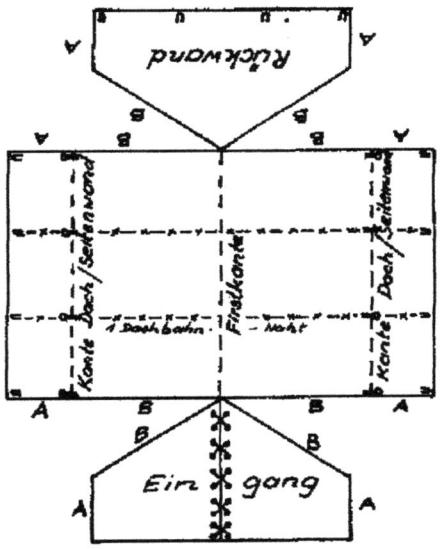

A + A
B + B } zusammennähen

Eingang mit Messingösen

Rückwand geschloßen (oder mit Ösen zum variablen
Aufstellen )

$\frac{1}{1}$ = Nahtverlauf

Bei einigen Zelten verläuft die Dachfläche über die
Seitenwand um ca 10-15 cm hinaus und ist mit Ösen
versehen in welche die Seitenriegel eingesetzt werden

GM 95

## Wall-Tent 3 : Aufbau

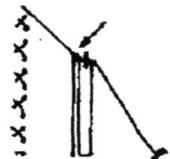

Bei Zelten mit über die Seitenwand verlaufenden Dach, füllt sich die Stoffläche zwischen der Dachschräge und den Seitenriegeln bei Regen mit Wasser welches meist zu Stockflecken führt.

### Gestänge

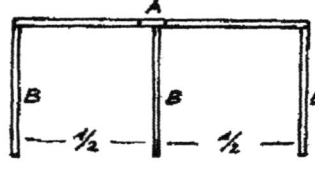

Aufteilung ½ zu ½

A = Firststange geteilt

B = senkrechte Stützstangen

Verbindungen wie beim A-Tent

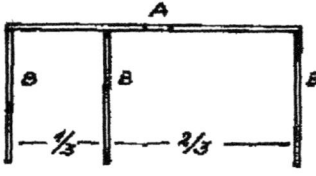

Aufteilung ⅓ zu ⅔

Bei der Aufteilung ⅓ zu ⅔ hat man einen kleineren Aufenthaltsbereich (⅓) und einen größeren Schlaf- und Lagerbereich (⅔)

Um die ⅓ zu ⅔ Einteilung zu erreichen wird in die 1 Dachbahnnaht (Innenseite) kleine Schlaufen eingenäht. durch welche ein Seil gezogen wird, in das eine Stoffbahn (Gleiche Größe wie Eingangstüre) eingeknüpft wird.

SM 95                                              ➤ □

28

## Wall-Tent 4

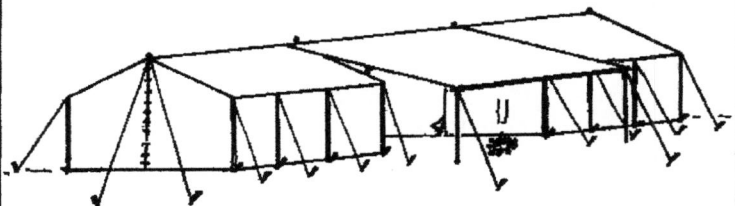

Aufbauvariante von 2 Wallzelten mit einer Plane als Mittelabdeckung als Küchenzelt und Gemeinschafts-unterkunft mit Feuerstelle unter Mitelplane.

## Türverschlußvarianten

Schnur oder schmales Gurtband mit Schleifen zusammenbinden

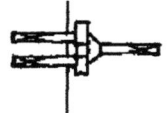

Holzknebel in Gurtband eingenäht Gegenstück Gurtband als Schlaufe angenäht

2 Gurtbänder mit Metallringen Mittelstück 2 Holzknebel mit Schnurverbindung

●▷□     GM97

Die Maqueesenzelte waren höher gestellten Personen (Offizieren) und deren Anhang vorbehalten. Sie waren teilweise voll möbliert und beheizt.

Offizierszelte in quadratischer Form wurden meist als Komandeurs- und Besprechungszelte benutzt und standen meist in der Mitte des Lagers. Sie waren meist mit Tischen, Bänken und einem Schreib oder Stehpult eingerichtet.
Viele der Marquee-Offizierszelte- Rundzelte waren doppelwandig mit einer an den senkrechten Stützstangen innen angebrachten Innenwand aus bedrucktem Stoff oder Samt.

Rundzelte gibt es schon sehr lange und sind auf fast allen Abbildungen alter Feldlager zu sehen. Im europäischen Raum hielten rund Zelte sich beim Militär bis ca. 1880, im osmanischen Reich bis ca. 1920.
Bei vielen alten Zelten waren alle Kanten mit aufgenähtem Gurtband verstärkt.
Meiner Meinung nach wurden diese Gurtbänder wegen der Qualität der Webart angebracht. Bei heutigen Zeltstoffen ist dies nicht mehr nötig, außerdem zieht sich der Stoff und das Gurtband bei Nässe verschieden was lauter Falten zur Folge hat.

# Offizierszelt (Marqueezelt)

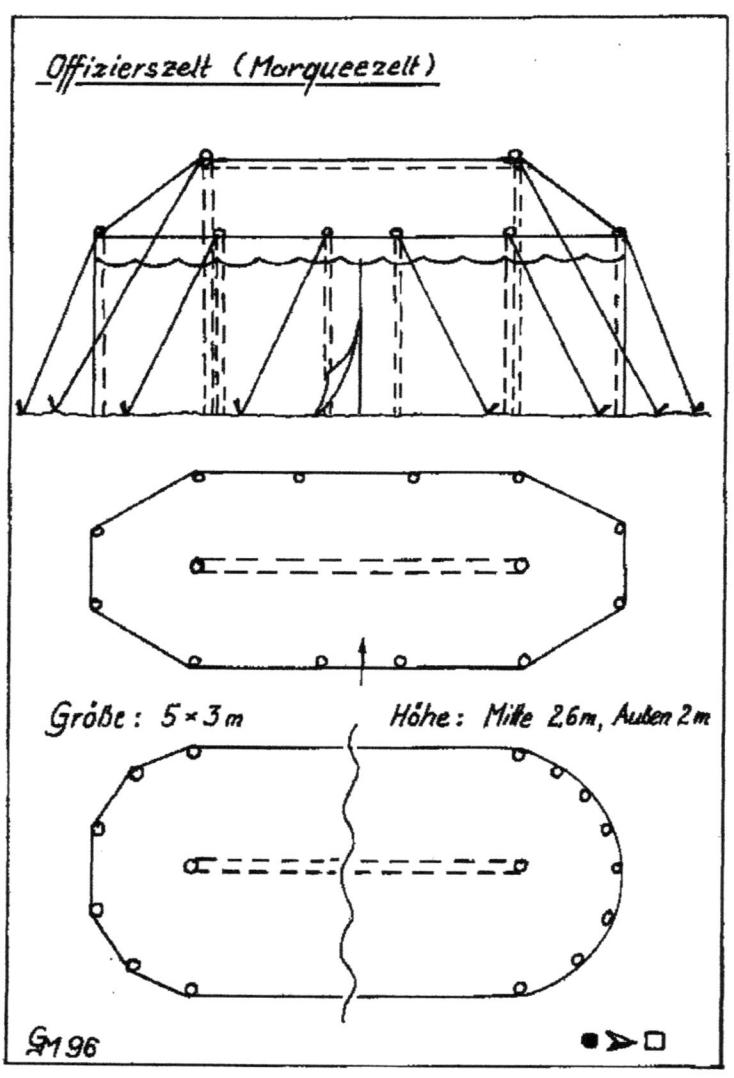

Größe: 5 × 3 m      Höhe: Mitte 2,6 m, Außen 2 m

GM 96      ●＞□

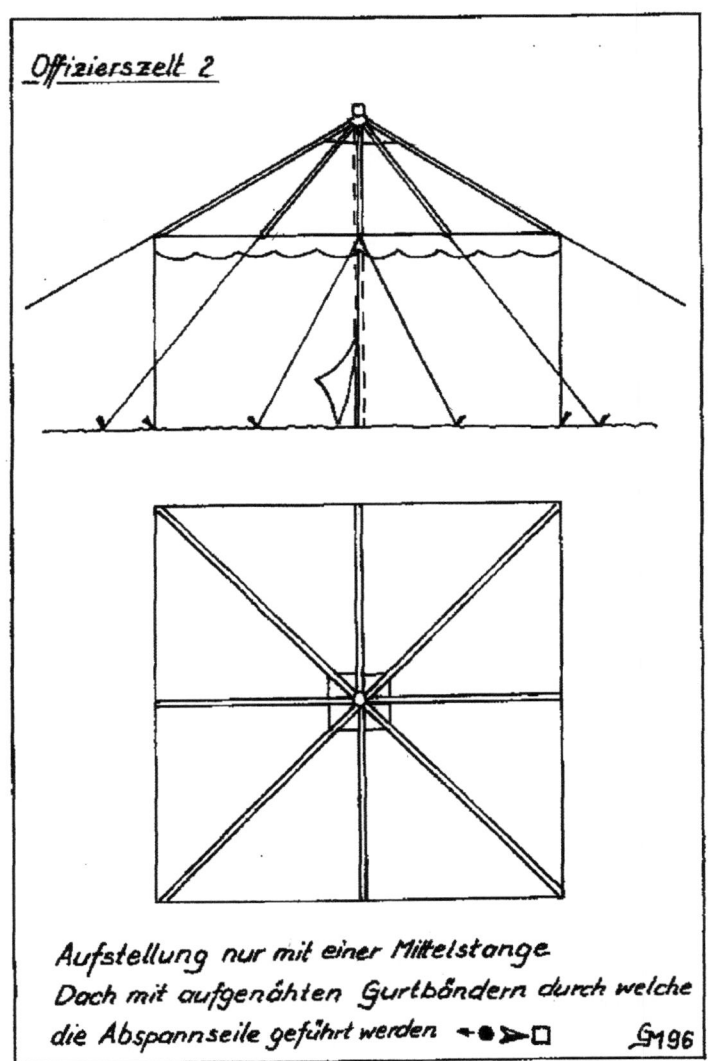

_Offizierszelt 2_

Aufstellung nur mit einer Mittelstange.
Dach mit aufgenähten Gurtbändern durch welche
die Abspannseile geführt werden ◄●►□      S196

33

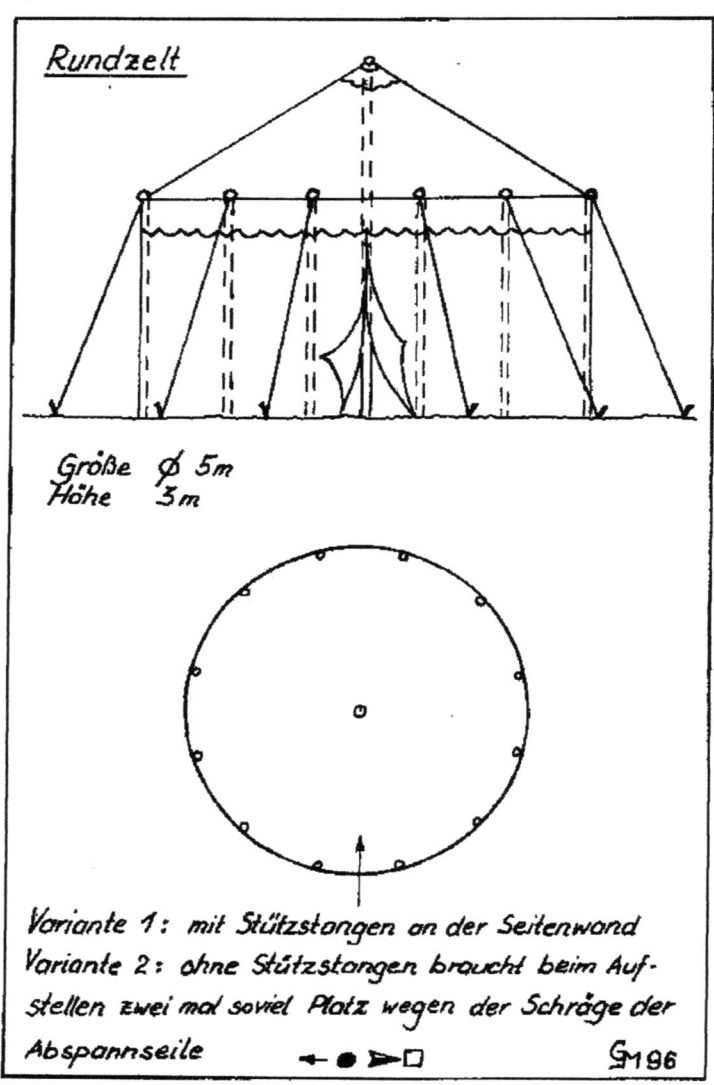

## Rundzelt

Größe ⌀ 5m
Höhe  3m

Variante 1: mit Stützstangen an der Seitenwand
Variante 2: ohne Stützstangen braucht beim Auf-
stellen zwei mal soviel Platz wegen der Schräge der
Abspannseile                    G196

## Dachluken und Fenster:

Dachluken zum Rauchabzug meist von Kohlebecken gibt es in Offizierszelten, sie sind aber eher die Ausnahme. Durch eine Seilbespannung ließen sie sich wie eine Jalousie von außen öffnen und schließen.
Fenster in Zelten sind auf vielen Abbildungen alter Heerlager zu sehen. An Originalen auf der Burg Forchtenstein sind die Fensterklappen auf der Zeltinnenseite angebracht, was bei einer doppelten Zeltwand keinen Nachteil brachte.

## Feldwachtzelt:

Das Feldwachtzelt diente als Unterstellzelt für Wachsoldaten an den Haupteingängen zu militärischen Feldlagern. Ob im Feldwachtzelt Sitzgelegenheiten vorhanden waren, sollte in den Militärvorschriften zu finden sein.

# Dachluken und Fenster 1

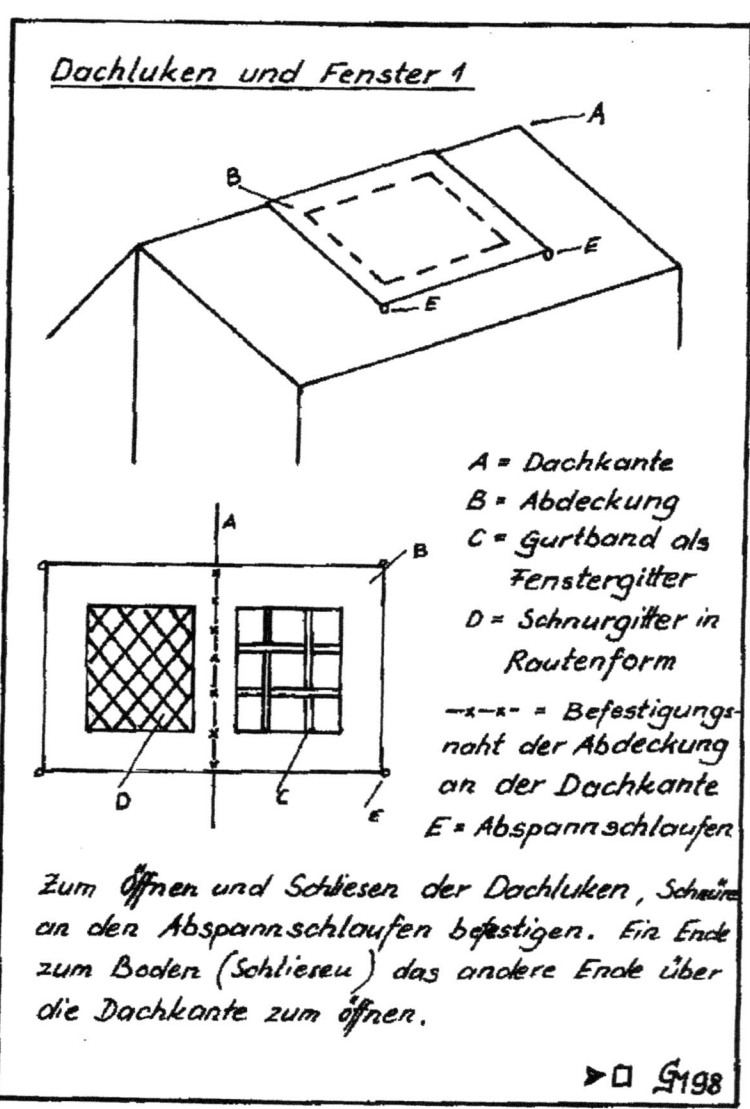

A = Dachkante
B = Abdeckung
C = Gurtband als
    Fenstergitter
D = Schnurgitter in
    Rautenform
—x—x— = Befestigungs-
naht der Abdeckung
an der Dachkante
E = Abspannschlaufen

Zum Öffnen und Schliesen der Dachluken, Schnüre
an den Abspannschlaufen befestigen. Ein Ende
zum Boden (Schliesen) das andere Ende über
die Dachkante zum öffnen.

▶□ G198

38

# Dachluken und Fenster 2

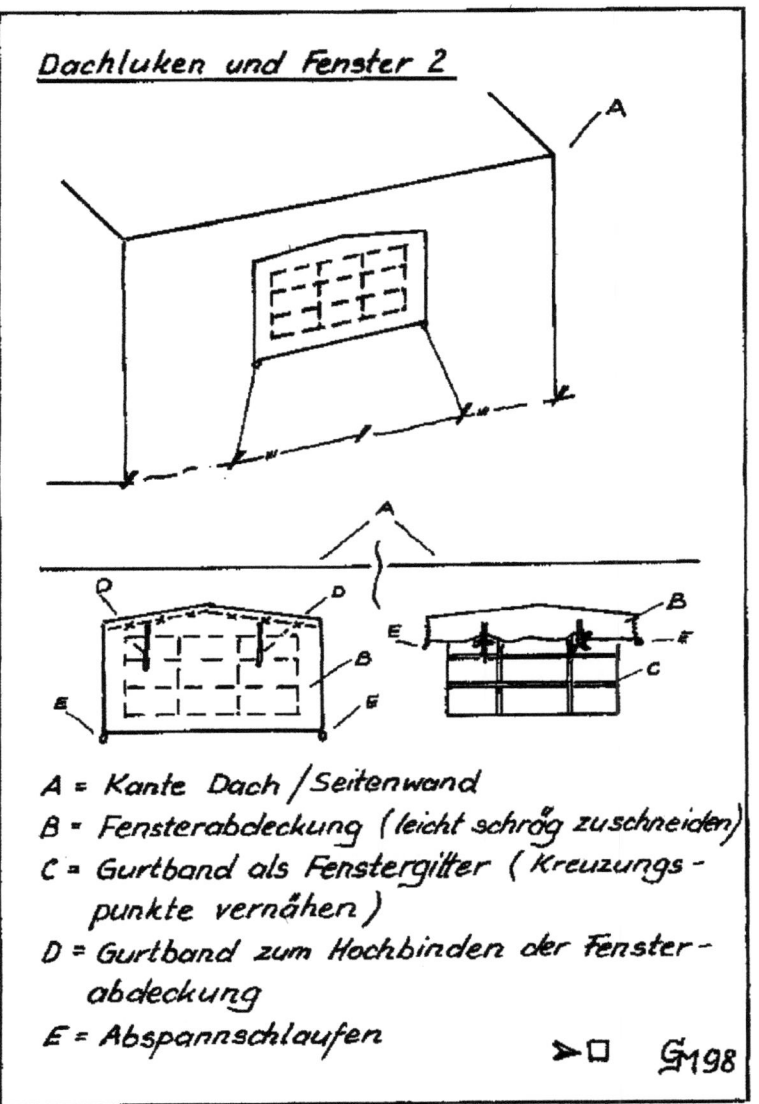

A = Kante Dach / Seitenwand

B = Fensterabdeckung (leicht schräg zuschneiden)

C = Gurtband als Fenstergitter (Kreuzungspunkte vernähen)

D = Gurtband zum Hochbinden der Fensterabdeckung

E = Abspannschlaufen

➤◻ GM98

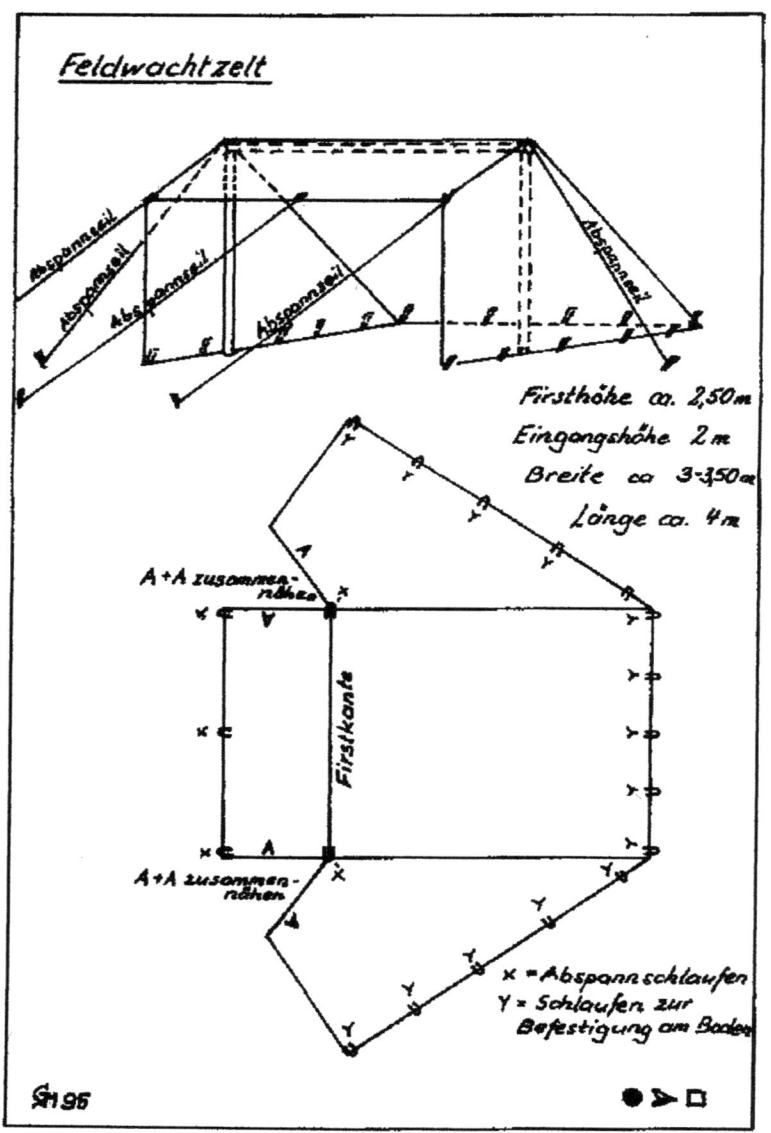

# Feldwachtzelt

Firsthöhe ca. 2,50 m
Eingangshöhe 2 m
Breite ca 3-3,50 m
Länge ca. 4 m

A + A zusammen-nähen

Firstkante

A + A zusammen-nähen

x = Abspannschlaufen
Y = Schlaufen zur Befestigung am Boden

Abspannseil

Sti 95

40

# Zeltöfen:

Heizungen für Zelte gab es in Form von
1. Kohlebecken
2. Zeltöfen

zu 1)
Kohlebecken sind wegen Feuer und Vergiftungsgefahr in Zelten nicht zu empfehlen.

zu 2.)
Zeltöfen gibt es als viereckige Blechöfen oder etwas feudaler als gußeiserne Kanonenöfen.
Das dazugehörende Ofenrohr sollte immer an einer senkrechten Zeltwand nach außen geführt werden (wegen ablaufendem Regenwasser).
Außerdem ist es ratsam eine Blechmanschette wegen der Brandgefahr anzubringen (siehe Zeichnung).
Gut bewährt hat sich an der Außenseite eine Abstützstange für das Ofenrohr. Die Ofenrohrteile sollten mit Blechschrauben fixiert werden.

Man sollte sein Zelt nie zu dicht verschliesen, wenn in ihm geheizt wird (Vergiftungsgefahr).

Es gibt Petroleumöfen in der Form von Kanonenöfen meist auf Trödelmärkten zu finden. In einer Ecke des Zeltes etwas kaschiert aufgestellt, wären sie eine Alternative (Historische Genauigkeit?). Sollten Sie einen solchen Ofen benützen „Nachts immer aus!" Vergiftungsgefahr!!!

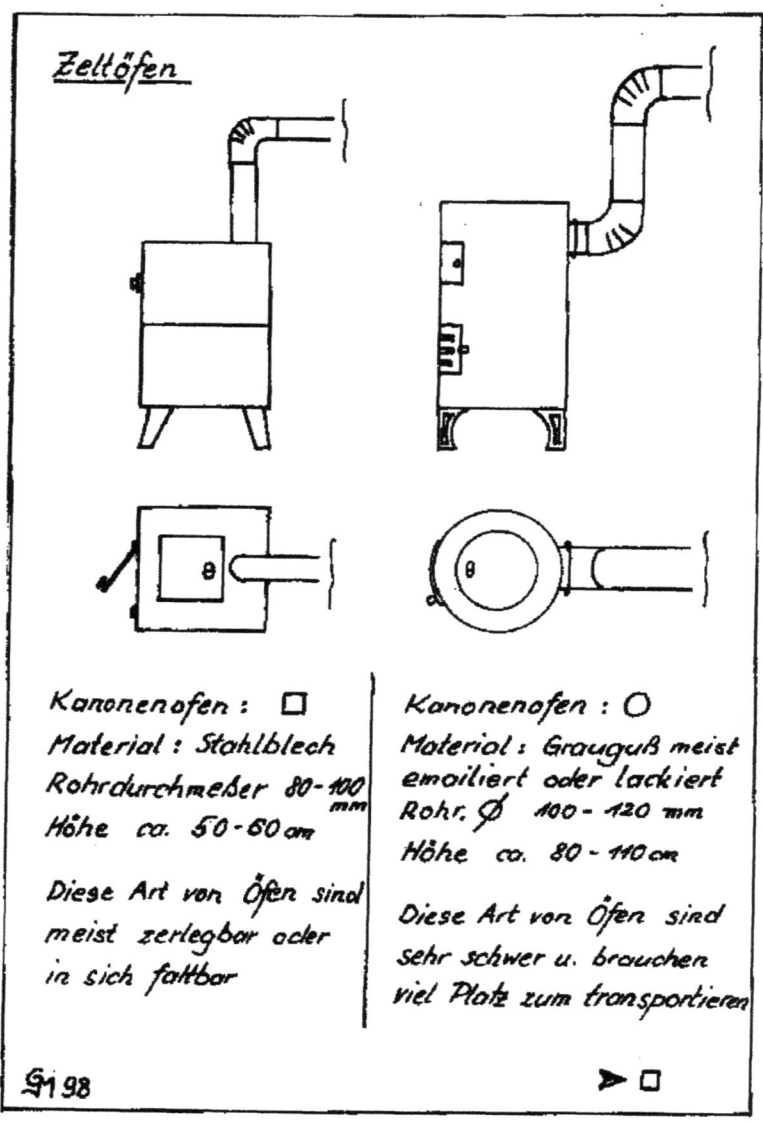

## Zeltöfen

Kanonenofen : □
Material : Stahlblech
Rohrdurchmeßer 80-100 mm
Höhe  ca.  50-60 cm

Diese Art von Öfen sind
meist  zerlegbar oder
in sich faltbar

Kanonenofen : ○
Material : Grauguß meist
emailiert oder lackiert
Rohr. ∅  100 - 120 mm
Höhe  ca.  80 - 110 cm

Diese Art von Öfen sind
sehr schwer u. brauchen
viel Platz zum transportieren

Si 98

➤ □

42

## Zeltöfen Zubehör

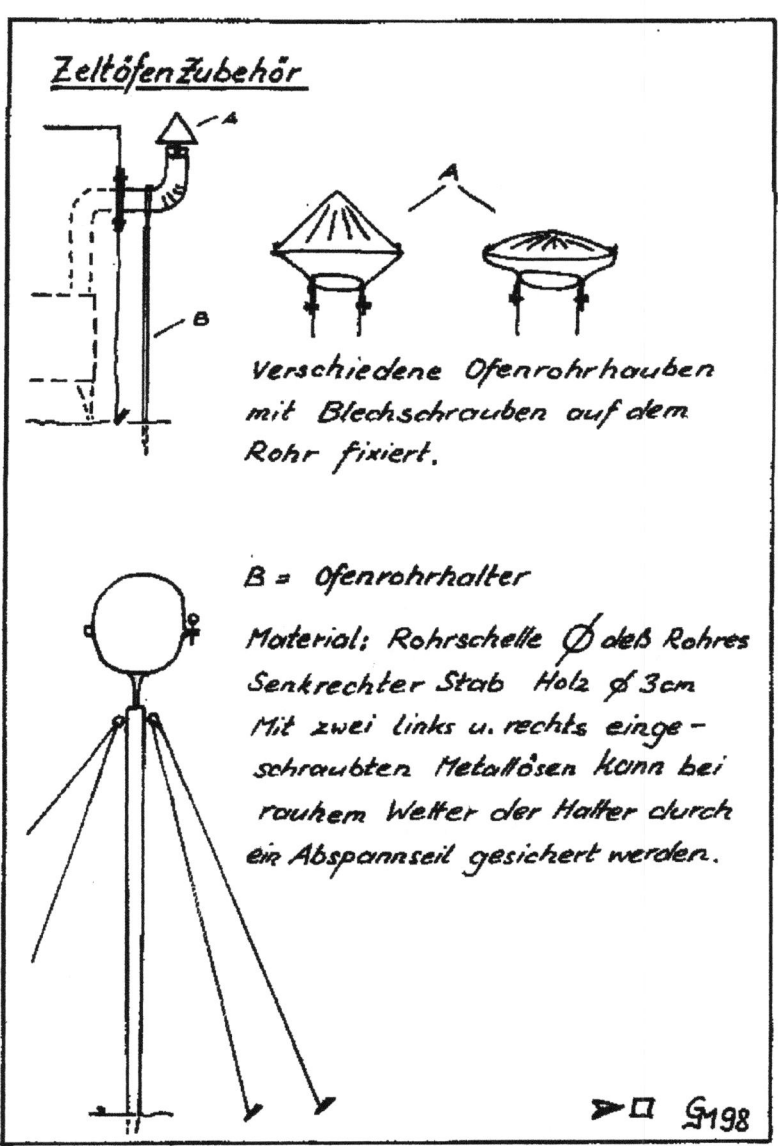

Verschiedene Ofenrohrhauben
mit Blechschrauben auf dem
Rohr fixiert.

B = Ofenrohrhalter

Material: Rohrschelle $\emptyset$ des Rohres
Senkrechter Stab  Holz $\emptyset$ 3cm
Mit zwei links u. rechts einge-
schraubten Metallösen kann bei
rauhem Wetter der Halter durch
ein Abspannseil gesichert werden.

43

## Zeltöfen Zubehör

A = Ausschitt im Stoff (immer ca 5cm
      größer ausschneiden als Rohr ∅)

B = Loch in Blechmanschette ca. 5%
      größer als Rohr ∅.

C = Blechmanschette (Doppelt)

D = Nieten

E = Stoff

Bei den beiden Blechmanschetten
sollten die Kanten und die Ecken sauber
gebrochen werden um Verletzungen am Stoff
zu vermeiden.

Zwischen den Blechmanschetten und dem Stoff
kann eine feuerfeste Dichtung eingelegt werden
(Kein Aspest)

G198

44

# Mobiliar

## Tische, Bänke und Hocker

Tische, Bänke, Hocker gehören allgemein zur Grundausstattung eines Lager auf alle Fälle zur Marketenderei. Ob Tisch und Bank 1, 2 oder 3 ergibt sich meist aus den Transportgelegenheiten. Der Dreibeinhocker ist eigentlich ein Handwerkerschemel (meist Schuster oder Sattler).

Material:

Kiefer ist ein gutes Baumaterial.
Buche und Eiche sieht zwar besser aus, ist aber um einiges schwerer, und nicht leicht zu bearbeiten.
Wenn Schrauben benutzt werden immer sogenannte Senkkopfschrauben verwenden. Die Schraubenköpfe mit einem Gemiscch aus Leim und Sägespänen kaschieren.
Ich habe solche Tische, Bänke aus Baubohlen (Fichte einfach) selbst gebaut. Da dieses Material meist 40 mm stark ist muß es auf einem Abrichthobel auf die benötigte Stärke gebracht werden.
Baubohlen hat jeder Baumarkt oder auf Baustellen nachfagen wegen Abschnitten (ein Kasten Bier wirkt Wunder).
Sollten Sie ein Fest auf eigenem Grundstück veranstalten und somit keinen Anfahrtsweg zum Austragungsort haben würde ich Tisch 1 und die dazugehörenden Bänke empfehlen.
Bei weiterem Transport Tische 2 und Bänke 2

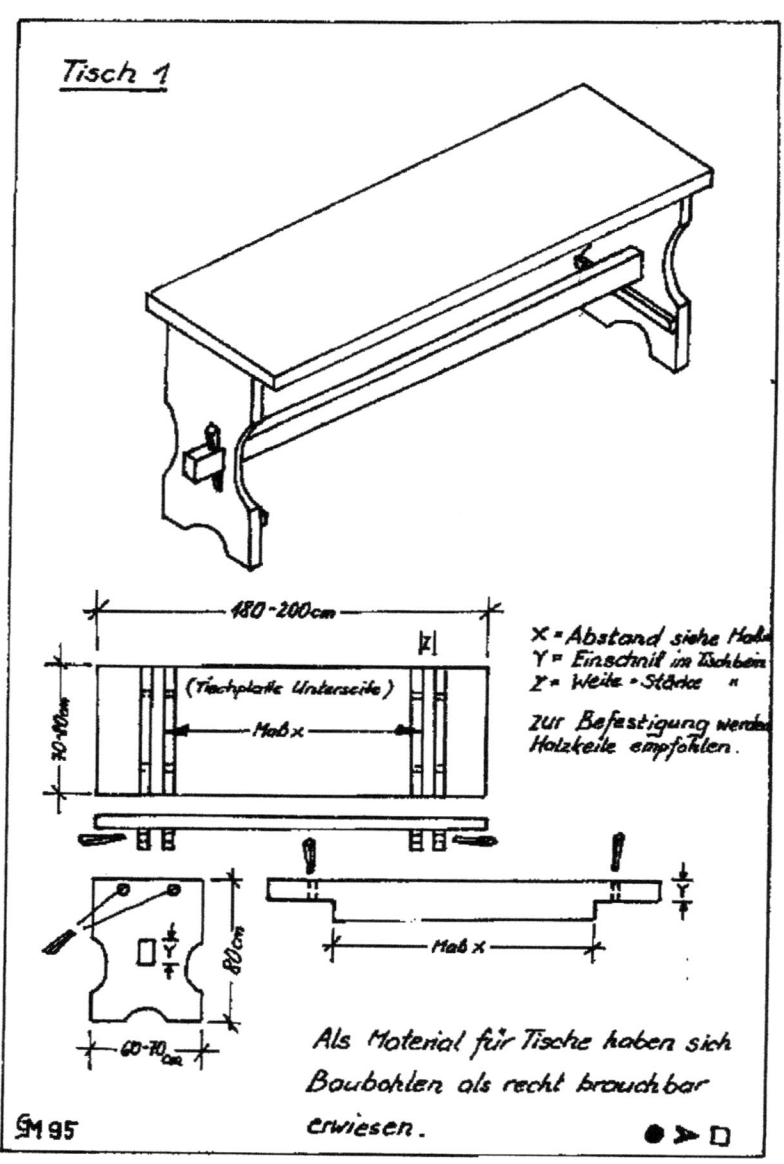

## Tisch 1

480-200cm

(Tischplatte Unterseite)

Maß x

X = Abstand siehe Halt[...]
Y = Einschnit im Tischbein
Z = Weite = Stärke "

Zur Befestigung werd[...]
Holzkeile empfohlen.

80 cm

60-70 cm

Maß x

Als Material für Tische haben sich
Baubohlen als recht brauchbar
erwiesen.

SM 95

46

# Tisch 2

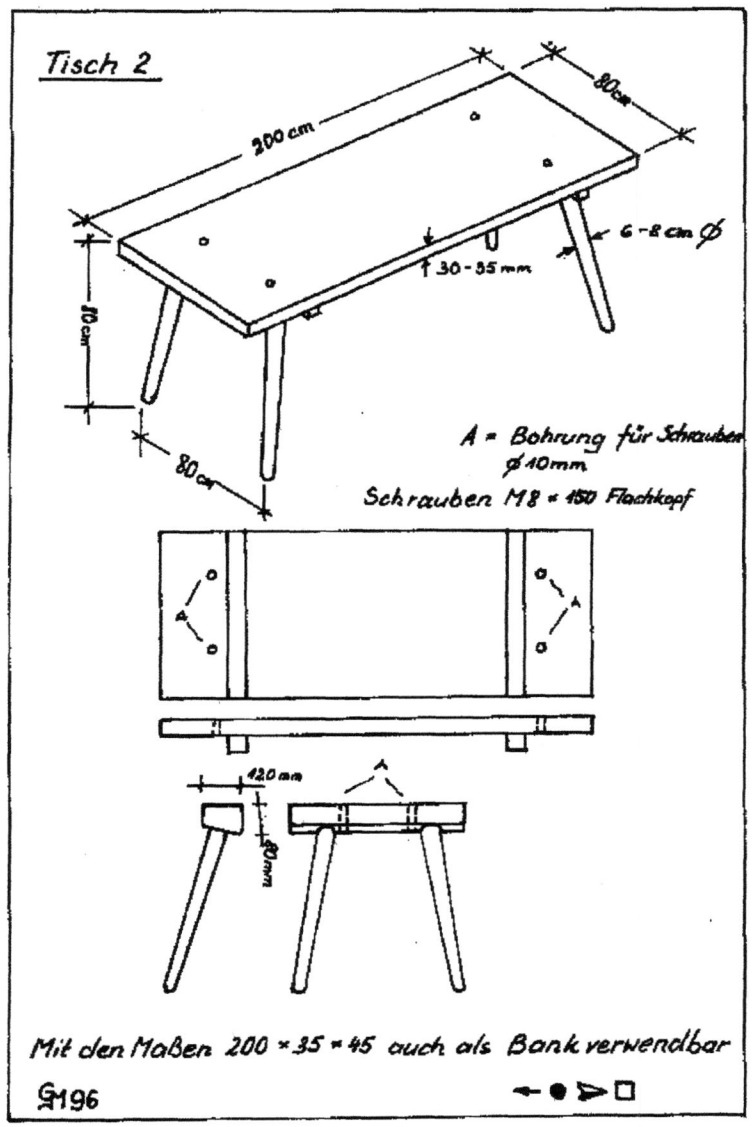

200 cm

80 cm

6 - 8 cm ⌀

↑ 30 - 35 mm

80 cm

80 cm

A = Bohrung für Schrauben
⌀ 10 mm

Schrauben M8 × 150 Flachkopf

120 mm

80 mm

Mit den Maßen 200 × 35 × 45 auch als Bank verwendbar

G196

← ● ▷ □

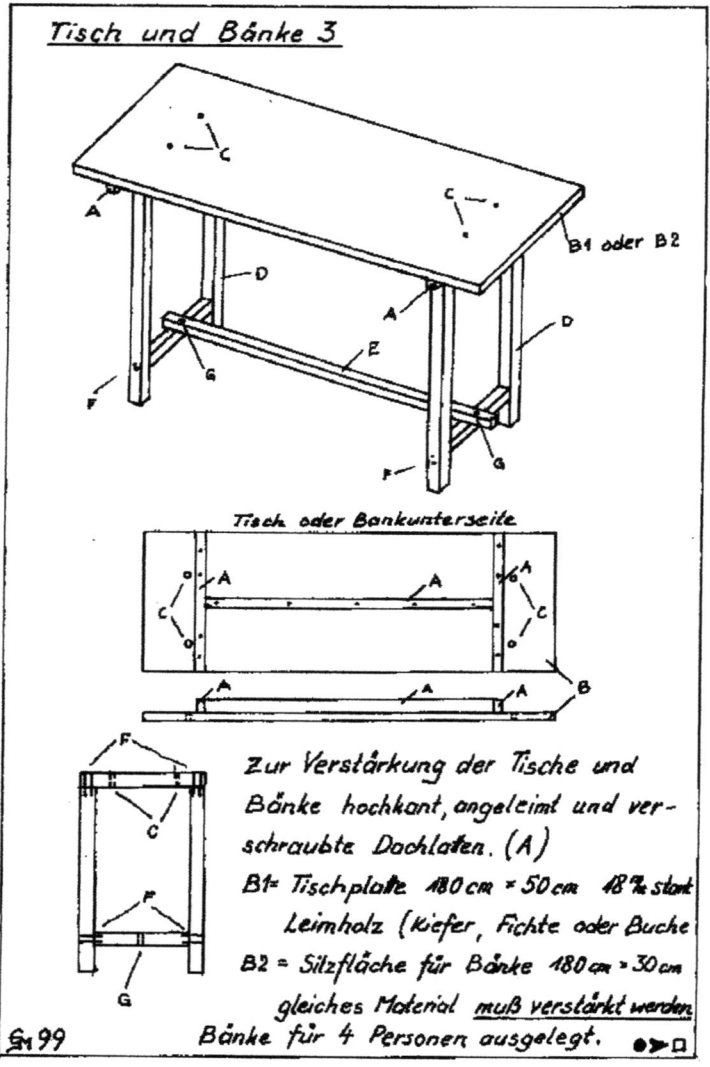

## Tisch und Bänke 3

B1 oder B2

Tisch oder Bankunterseite.

Zur Verstärkung der Tische und
Bänke hochkant, angeleimt und ver-
schraubte Dachlatten. (A)
B1= Tischplatte 180 cm × 50 cm 18% stark
Leimholz (Kiefer, Fichte oder Buche
B2 = Sitzfläche für Bänke 180 cm × 30 cm
gleiches Material muß verstärkt werden
Bänke für 4 Personen ausgelegt.

G.99

# Tisch und Bänke 3

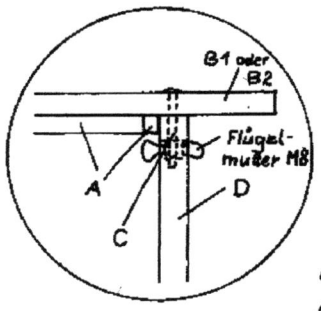

D = Füße für Tisch und Bank
für Tisch Breite 45 cm, Höhe 75cm
für Bänke " 28 cm, " 40 cm
Material: Kantholz □ 4cm × 4cm
Auflage und Verstrebung
stumpf verleimt, verdübelt (6%)
und verschraubt (Spax 4 × 80%)
Querstrebe (E) gleiches Mat. 170 cm

Zum befestigen an der Tischplatte oder Sitzfläche
Schloßschrauben M8 mit Flügelmuttern. (M8 × 80)

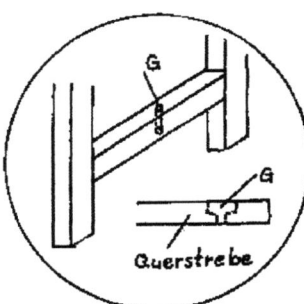

Um eine Art von Schrauben
zu erhalten muß die Bohr-
ung in der Querstrebe (E)
um die Hälfte versenkt
werden (G)

Um das Aufstellen zu erleichtern, sollten die
Abstände der Füße von Tischen und Bänken
zueinander gleich sein. Bohrungungen mit
Bohrlehre ausführen sodaß die Füße und die
Querstrebe überall paßen. (Erspart das Suchen)

● ➤ □     G1 99

49

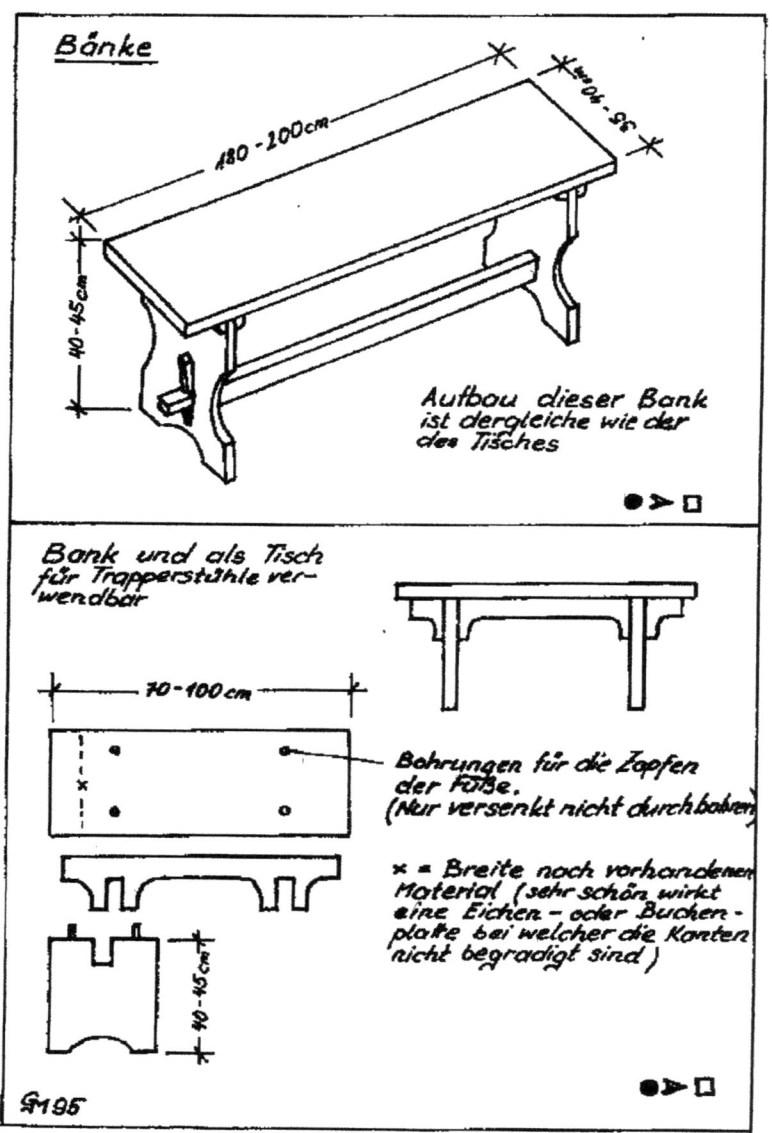

# Bänke

180 - 100 cm

35 - 40 cm

40 - 45 cm

Aufbau dieser Bank
ist dergleiche wie der
des Tisches

● ➤ □

Bank und als Tisch
für Trapperstühle ver-
wendbar

70 - 100 cm

40 - 45 cm

Bohrungen für die Zapfen
der Füße.
(Nur versenkt nicht durchbohren)

x = Breite nach vorhandenem
Material (sehr schön wirkt
eine Eichen - oder Buchen -
platte bei welcher die Kanten
nicht begradigt sind)

G195

● ➤ □

50

# Stühle

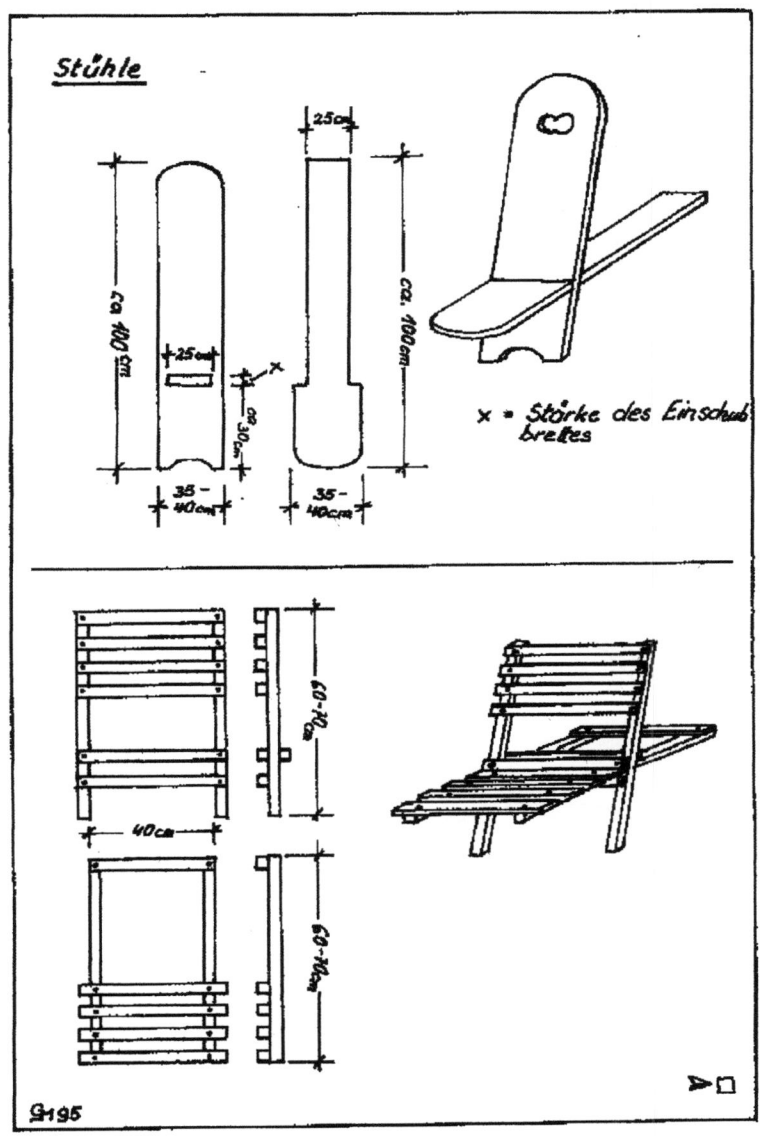

ca. 100 cm

25 cm

25 cm

35 – 40 cm

ca. 30 cm

x

ca. 100 cm

35 – 40 cm

x = Stärke des Einschub breites

60–70 cm

40 cm

60–70 cm

G195

51

# Hocker

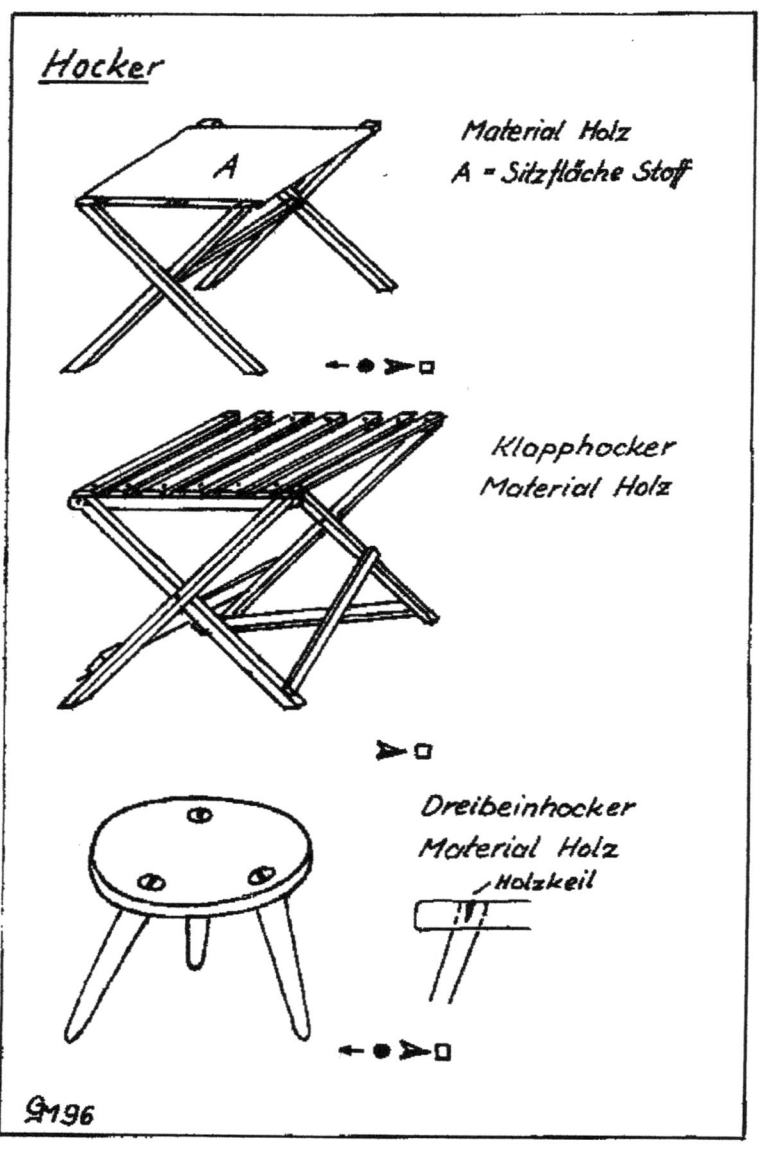

Material Holz
A = Sitzfläche Stoff

Klapphocker
Material Holz

Dreibeinhocker
Material Holz
Holzkeil

G196

## Bettgestelle, Lattenroste, Strohsäcke

Betten mit richtigen Gestellen für Feldlager gibt es schon seit der Römerzeit (Bett 1) es ist natürlich immer eine Frage des Transports ob ich mir einen Strohsack, ein Feldbett oder ein Himmelbett in meine Feldlagerbehausung stellen möchte, den Möglichkeiten sind eigentlich fast keine Grenzen gesetzt.

### Kisten und Truhen

Kisten und Truhen als Pack oder Stauraum gehören eigentlich in jedes Zelt. Die Größen von 100 x 50 x 50 cm dürften für Kisten die meistgebräuchlichsten sein. Für Truhen wird meist mehr Raum benötigt. Man kann beide wenn not am Mann ist als Sitzgelegenheiten zweckentfremden.

### Schreib- und Stehpult

Schreib und Stehpulte gehörten in Komandeurszelten zur Ausrüstung und waren dort Standard.

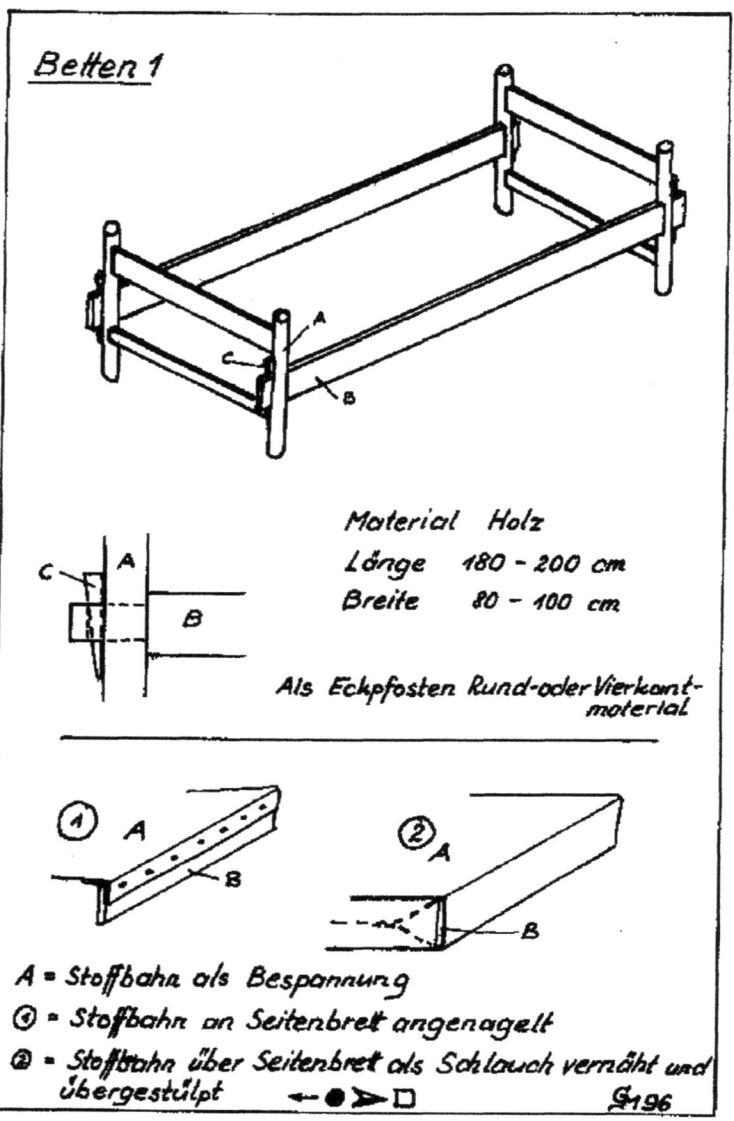

## Betten 1

Material Holz
Länge 180 - 200 cm
Breite 80 - 100 cm

Als Eckpfosten Rund-oder Vierkant-
material

A = Stoffbahn als Bespannung
① = Stoffbahn an Seitenbrett angenagelt
② = Stoffbahn über Seitenbret als Schlauch vernäht und
übergestülpt    ←●▷□    G196

54

# Betten 2

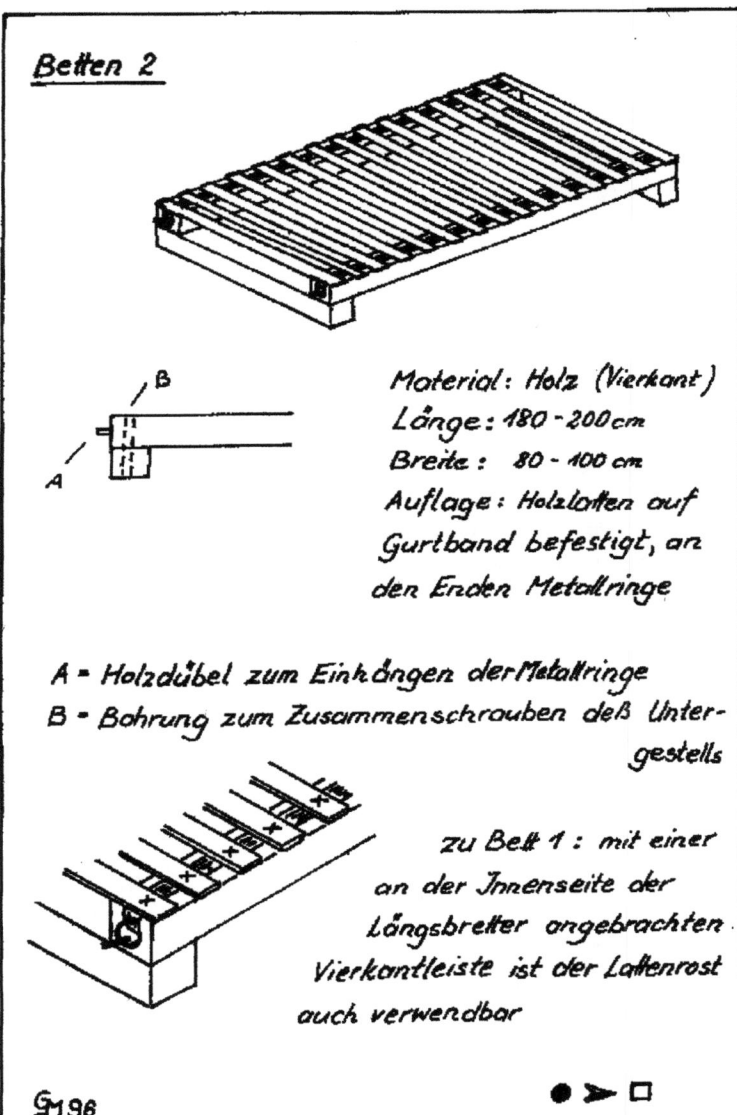

**Material:** Holz (Vierkant)
**Länge:** 180 - 200 cm
**Breite:** 80 - 100 cm
**Auflage:** Holzlatten auf Gurtband befestigt, an den Enden Metallringe

A = Holzdübel zum Einhängen der Metallringe
B = Bohrung zum Zusammenschrauben deß Untergestells

zu Bett 1 : mit einer an der Innenseite der Längsbretter angebrachten Vierkantleiste ist der Lattenrost auch verwendbar

G196

● ➤ □

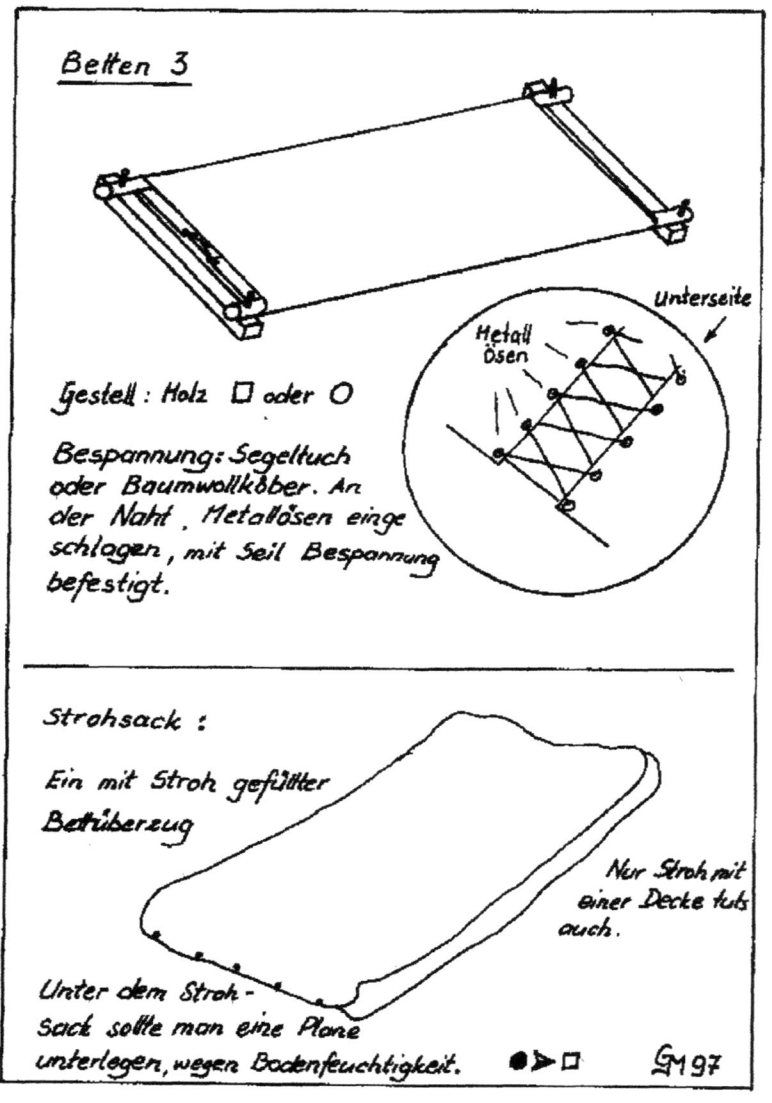

## Betten 3

Gestell : Holz □ oder O

Bespannung: Segeltuch oder Baumwollköber. An der Naht , Metalösen einge schlagen , mit Seil Bespannung befestigt.

Unterseite

Metall Ösen

Strohsack :

Ein mit Stroh gefüllter Bettüberzug

Nur Stroh mit einer Decke tuts auch.

Unter dem Stroh - Sack sollte man eine Plane unterlegen, wegen Bodenfeuchtigkeit.

● ▷ □        GM 97

# Kisten, Truhen

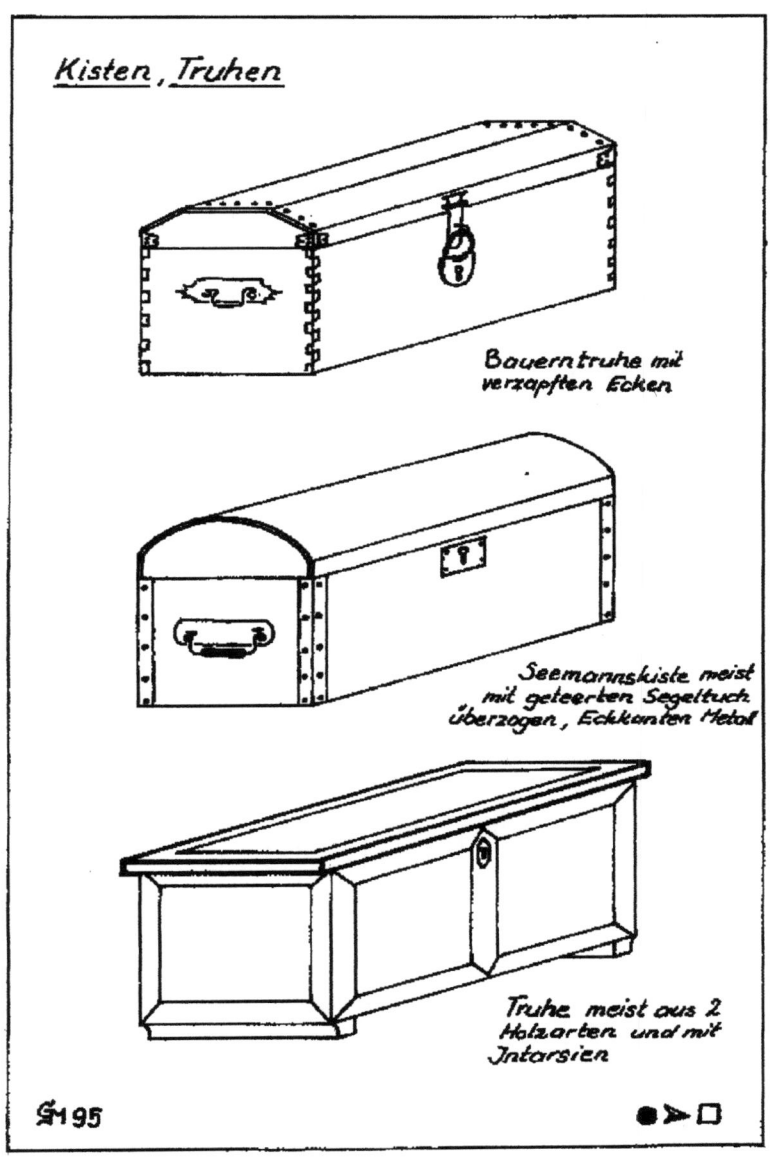

Bauerntruhe mit verzapften Ecken

Seemannskiste meist mit geteerten Segeltuch überzogen, Eckkanten Metall

Truhe meist aus 2 Holzarten und mit Intarsien

SM 95

# Schreib- und Stehpult

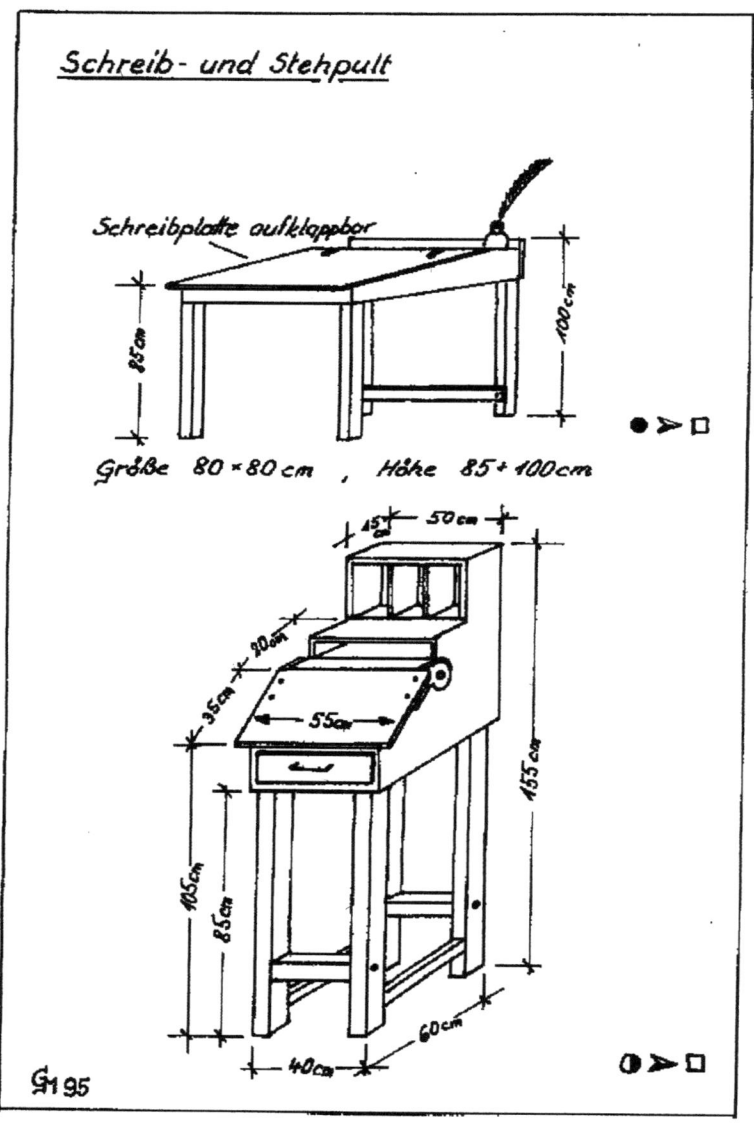

Schreibplatte aufklappbar

Größe 80 × 80 cm , Höhe 85 ÷ 100 cm

GH 95

# Kochutensilien:

## Kochgestelle:

Drehspieße
Kochgalgen
Topfauflagen
Roste
Kochutensilien


## Beleuchtung:

Kienspan
Fackeln
Kerzenhalter und Kerzenständer
Laternen (Blech gelocht, Stallaternen in Blech oder Holz mit Gläsern).

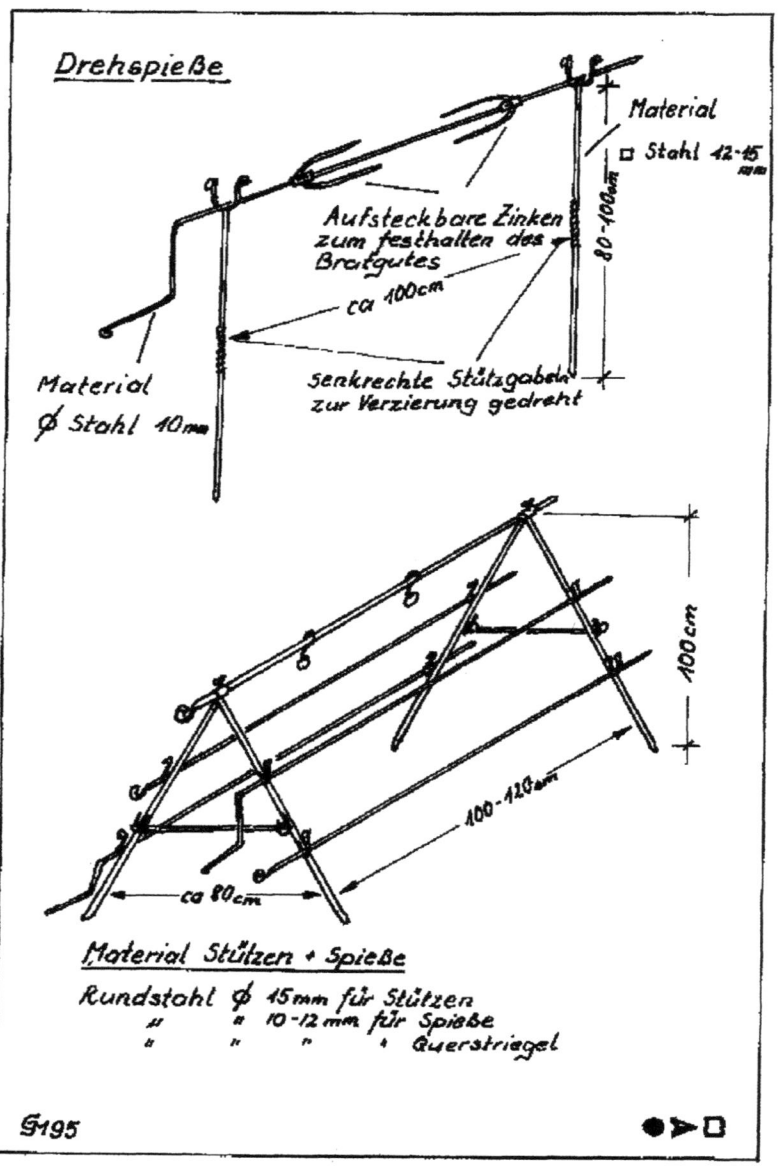

## Drehspieße

Material
□ Stahl 12-15 mm

80-100 cm

Aufsteckbare Zinken
zum festhalten des
Bratgutes

ca 100cm

Material
ø Stahl 10mm

senkrechte Stützgabeln
zur Verzierung gedreht

100 cm

100-120 cm

ca 80cm

## Material Stützen + Spieße

Rundstahl ø 15mm für Stützen
„      „   10-12 mm für Spieße
„      „      „    + Querstriegel

G195

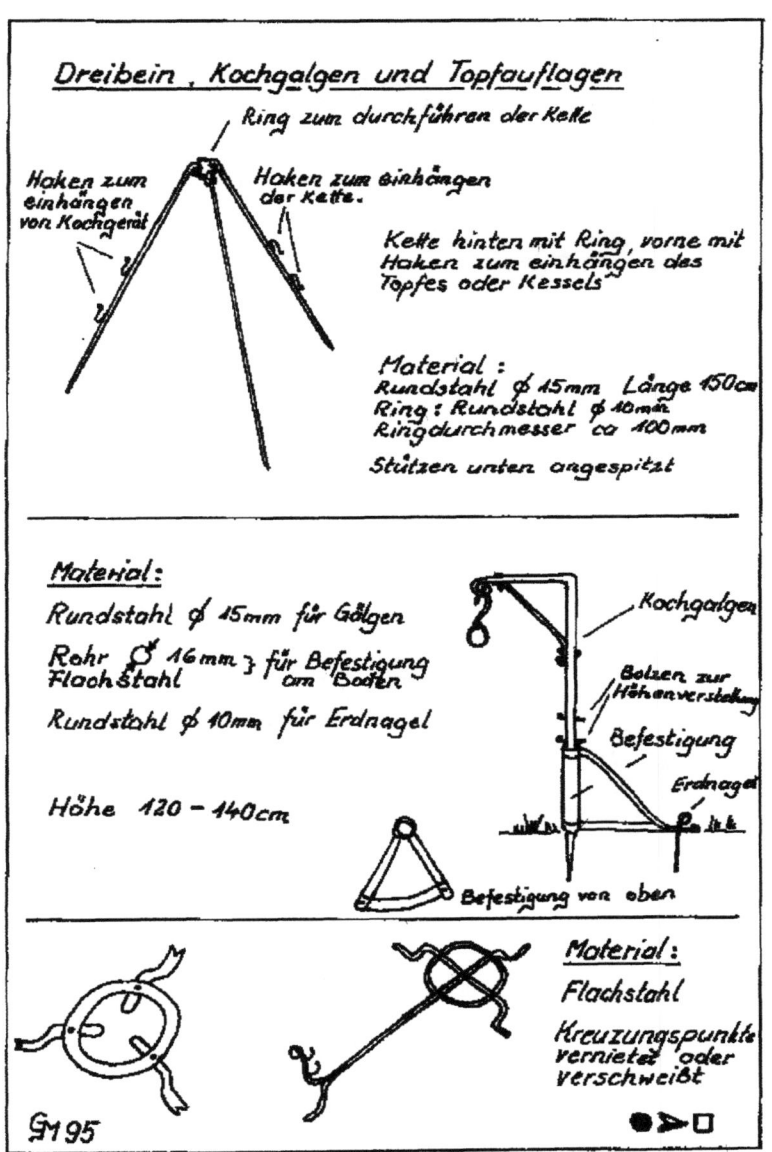

# Dreibein, Kochgalgen und Topfauflagen

Ring zum durchführen der Kette

Haken zum einhängen von Kochgerät

Haken zum einhängen der Kette.

Kette hinten mit Ring, vorne mit Haken zum einhängen des Topfes oder Kessels

Material:
Rundstahl ⌀ 15mm  Länge 150cm
Ring: Rundstahl ⌀ 10mm
Ringdurchmesser ca 100mm

Stützen unten angespitzt

Material:

Rundstahl ⌀ 15mm für Galgen

Rohr ⌀ 16mm } für Befestigung
Flachstahl        am Boden

Rundstahl ⌀ 10mm für Erdnagel

Höhe  120 - 140cm

Kochgalgen

Bolzen zur Höhenverstellung

Befestigung

Erdnagel

Befestigung von oben

Material:

Flachstahl

Kreuzungspunkte vernietet oder verschweißt

G195

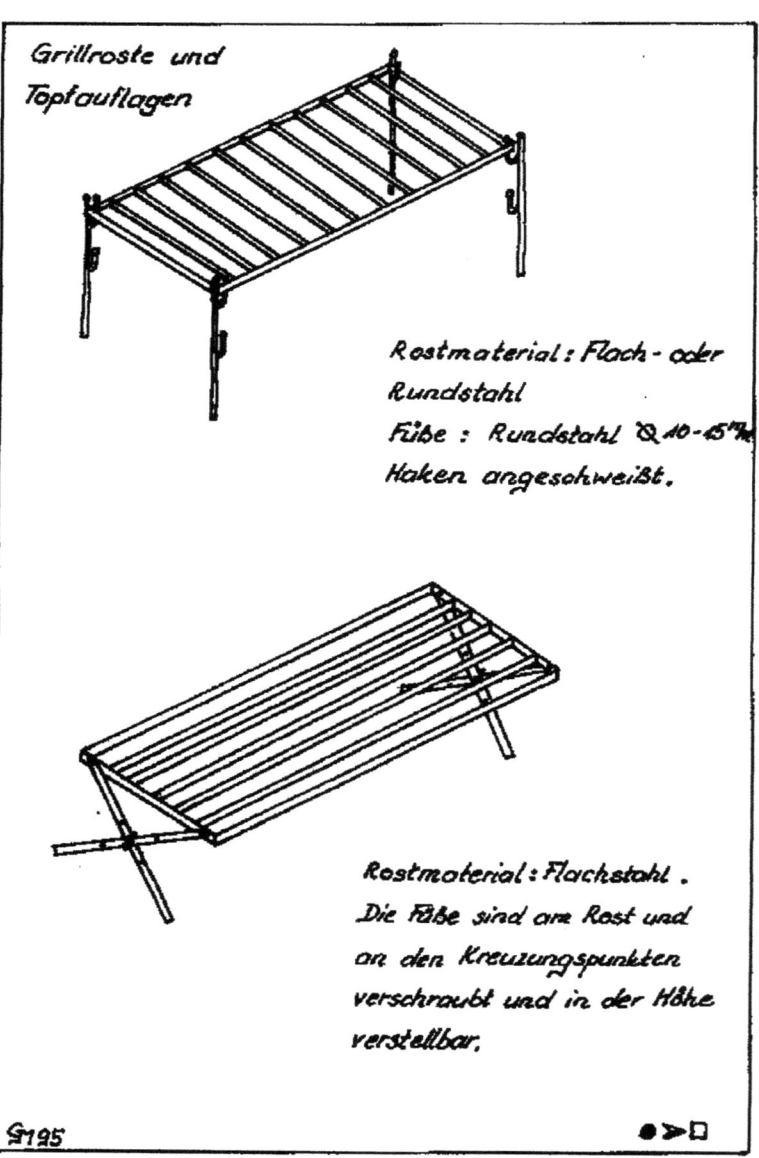

Grillroste und
Topfauflagen

Rostmaterial: Flach- oder
Rundstahl
Füße : Rundstahl ⌀ 10-15mm
Haken angeschweißt.

Rostmaterial: Flachstahl.
Die Füße sind am Rost und
an den Kreuzungspunkten
verschraubt und in der Höhe
verstellbar.

G125

● ➤ □

62

## Kochutensilien, Aufhängungen

Topfhaken

2

Feuereisen

Aufhängungen verstellbar

3    4    Aufhängungen 5

6    7

## Material

1, 2, 4 = Vierkantstahl zur Verzierung gedreht

3 = Rundstahl

5 = Haken Rundstahl und handelübliche Kette

6 = Flachstahl

7 = Lochteil Flachstahl, Einhängung Rundstahl

G1 95

● ➤ □

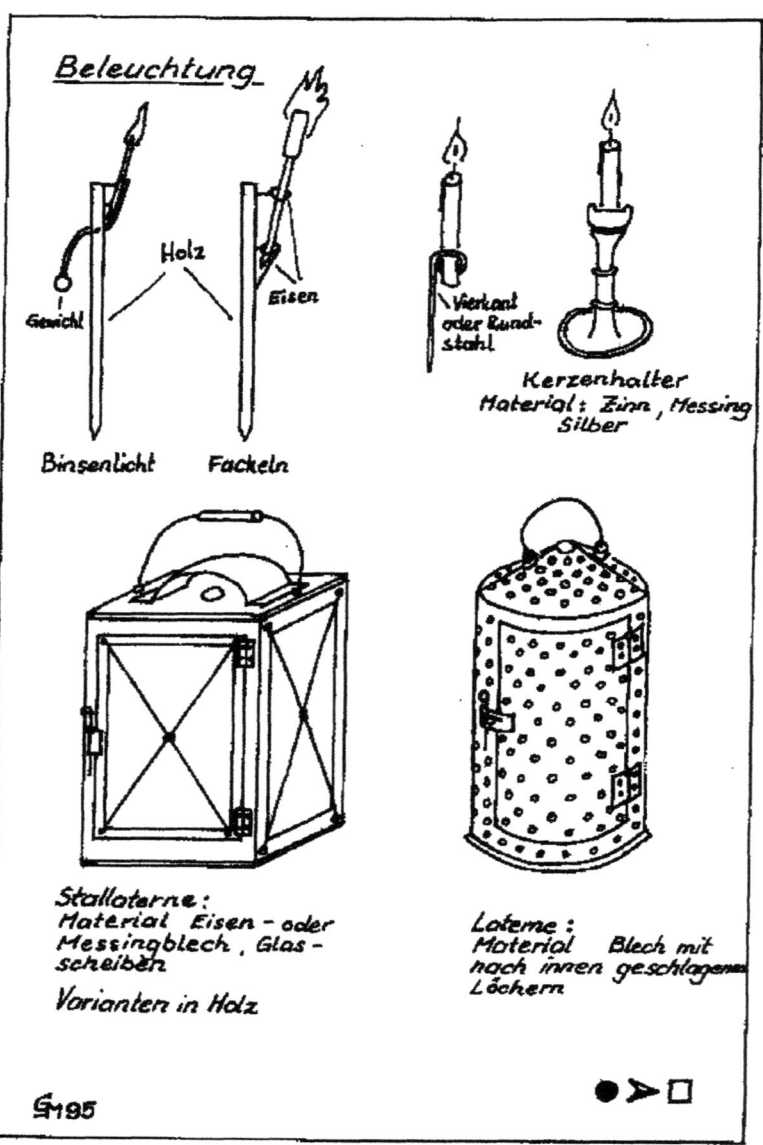

# Beleuchtung

M₂

Holz

Eisen

Gewicht

Binsenlicht   Fackeln

Vierkant
oder Rund-
stahl

Kerzenhalter
Material: Zinn, Messing
Silber

Stallaterne:
Material Eisen-oder
Messingblech, Glas-
scheiben

Varianten in Holz

Laterne:
Material  Blech mit
nach innen geschlagenen
Löchern

G₁95

●▷□

# Kochgestelle:

Kochutensilien wie Drehspieße, Dreibein, Kochgalgen und Topfauflagen gibt es in einer Vielfalt von Variationen. Nach einer Abbildung selbst oder von einem Schlosser anfertigen lassen. Zubehör wie Feuereisen und Aufhängungen für Töpfe gibt es bei den einschlägigen Hobbyhändlern. Topfhacken kann man sich selbst aus 4 mm Rundstahl zurechtbiegen.
Es gab Bratspieße mit Luftschrauben und einem Räderwerk welches das Bratgut durch die aufsteigende Warmluft des Feuers selbständig drehten (zu besichtigen in den meisten Museen).

Töpfe aus Gußeisen oder Kupfer und Messing (wenn Kupfer oder Messing innen immer verzinnt). Pfannen aus Gußeisen, Stahl oder Messing innen verzinnt (keine Kupferpfannen, sie verziehen sich auf offenem Feuer zu stark).
Kleiner Tip: Um Pfannen, Töpfe aus Stahl vor Rost zu schützen, mit Öl bestreichen und ins Feuer stellen (Gasbrenner tuts auch).

### Beleuchtung:

Von Beleuchtung mit Binsenlicht (stinkt und rußt), mit Fackeln und Feuerkörben ist bei einem Lager mit Baumbewuchs in näherer Umgebung abzuraten (großer Funkenflug, Brandgefahr).

# Transport

## Transport (innerhalb des Lagers):

Traggestelle:
Butten
Kraxen
Handkarren:
Schubkarren (Holz)
Leiterwagen
Fuhrwerke:
Tiere: (Pferde, Esel, Ochsen und Hunde)
Packsättel

### Transportmittel:

Ich glaube für Leiterwagen oder Schubkarren keine Zeichnungen machen zu müssen, da diese bestimmt hinlänglich bekannt sind.
Tragegestelle sind aus massiv Holz gefertigt, Butten aus Weidengeflecht oder Spanmaterial. Manche Tragegestelle hatten am Rückenteil eine Stoffbespannung da sie dadurch angenehmer zu tragen waren.
Tragbahren waren mit kurzen oder langen Beinen gefertigt. Die mit langen Beinen wurden oft bei Festbanketten zum Auftragen von Speißen verwendet.
Für längeres Tragen wurden Tragegurte verwendet welche über die Schulter gelegt und an den Griffen befestigt wurden.
Bei Pferden, Eseln, Maultieren wurden Packsättel, große Packtaschen aus Leder oder Segeltuch verwendet.
Auch Hunde wurden mit Packtaschen als Trageriere verwendet.
Natürlich waren Packwagen mit Pferde- oder Ochsengespannen, ein- oder zweispännig, mit oder ohne Plane zum Abdecken der

Ladung seit der Römerzeit bis Mitte des 20 Jahrhunderts hinein in Gebrauch.

# Transportmittel

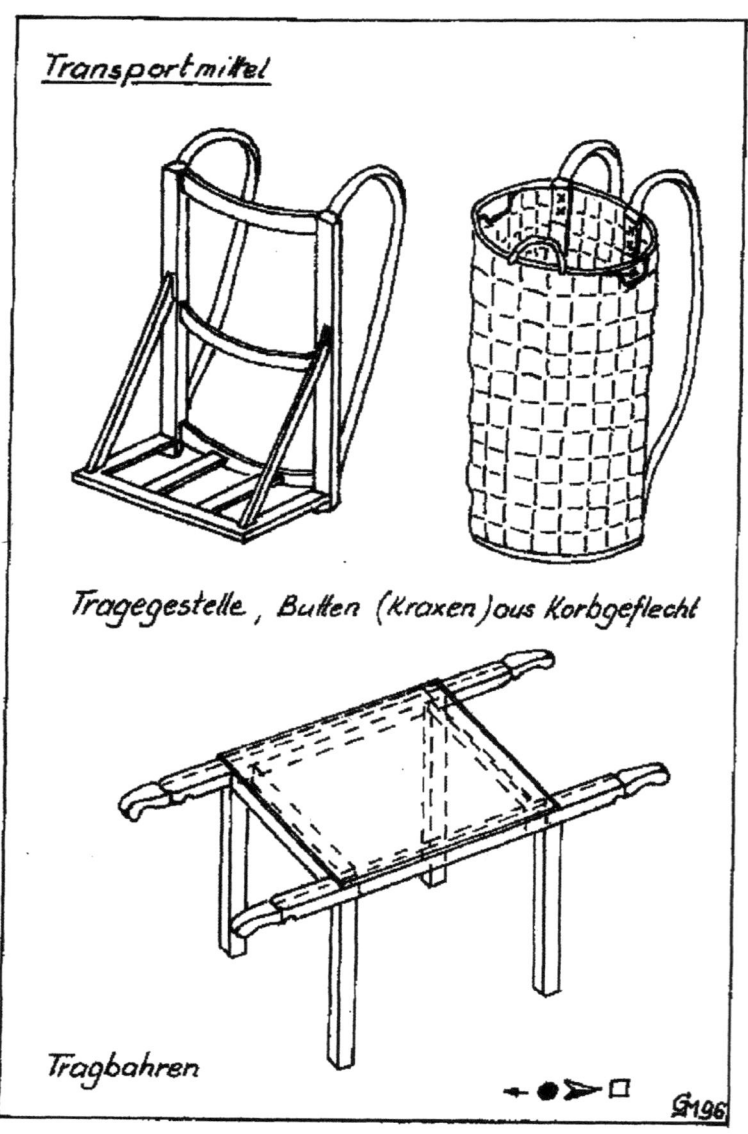

Tragegestelle, Butten (Kraxen) aus Korbgeflecht

Tragbahren

G196

# Auf- und Abbau

**Lageraufbau:**
Geländegegebenheiten nutzen!

**Einteilungen nach Gruppierungen:**
Militär
Zivil
Marketenderei und Kochstelle
Handwerker (Zentral am besten bei Marketenderei)
Händler (Zentral)

**Wasser: ?**
fließend Wasser wäre gut sonst Kanister oder Fässer (Problem ist der Transport)

**Sicherheit:**
Feuer (Abstand zum Wald unbedingt einhalten Auskunft darüber erteilt das zuständige Forstamt)
Feuerlöscher wären ratsam, für Veranstalter notwendig

**Hygiene:**
Keine Donnerbalken (da Probleme mit Umweltschutz auftreten können) besser Chemietoiletten außerhalb des Lagerplatzes an einem vom Lagerplatz nicht einsehbaren Stellplatz.

## Werkzeug und Zubehör

Säge (zum Kürzen von Stangen, Brettern etc.)
Axt (zum Anspitzen von Stangen, Pfosten)
Hammer und Nägel
sehr viel Seil (Hanfseile sind besser als Sisal (sehr starr) obwohl Hanfseile bei Nässe aufquellen und sich sehr schlecht lösen lassen)
Hipphaue oder Kreuzhaue (für Löcher)
Pickel für Löcher bei sehr steinigem Untergrund
Schlegel zum Einschlagen von Pfosten und Zeltheringen.
Um einen einigermaßen waagerechten Aufbau zu gewährleisten eine Wasserwaage (notfalls tust eine volle Bierflasche auch).

# Marketenderei

## Marketenderei, Taverne

2 große Planen (Küchenzelt ?) (1 für Ausschank, 1 für Kochstelle)
Aufbau mit eigenem Balkengestänge oder Tipistangen
1 Vorratszelt 3 x 4 m ( Zeltanker in genügender Menge (ca. 80cm lang) Baustahl Durchmesser 15 mit gekröpftem Ende)

### Für Ausschank:

Ausschanktisch (kein Tresen Höhe ca. 1 m)
Regale und Ablagen (Sägeböcke mit aufgelegten Brettern)
Fässchen (zwischen 3 - 15 ltr. für Spirituosen, Wein)
Fässer für Bier (nur Holzfässer, liefert die Brauerei)
Zapfzeug ( kein Holz sondern Messing, eigenes oder Brauerei)
Flaschen (Steingut oder Glas) (keine Bügelverschlüsse)
Korbflaschen (von 5 - 20 ltr.) für Säfte, Mineralwasser, Unaussprechliches (Cola)
Holzbottiche (zum Kühlen, für Gläser spülen)
Beleuchtung (reichlich Kerzen)
Tische und Bänke
kleinere Steinguttöpfe für Tabak und Fitibuse (Kienspäne)
Kasse
Kennzeichnung der Marketenderei durch: "Krug und grünen Kranz" "roter Fahne oder Bierzeichen"

### Für Lebensmittelverkauf:

Verkaufstisch mit vorspringendem Zwischenbrett (zwecks Ablage)
Regale und Ablagen (am einfachsten und rustikalsten aus Sägeböcken mit aufgelegten Brettern)

73

Schneidebrett (Holz)

Messer

Zweizinkige Gabeln

geflochtene Brotschalen (für Brot und Gemüse etc.)

Steinguttöpfe mit Deckel (für Schmalz, Gurken, gekochte Eier), Steingutschüsseln

Tücher zum Abdecken

genügend Hacken zu Aufhängen von Schinken, Würsten, getrockneten Kräutern, Knoblauch, Zwiebeln etc.

Schnüre zum Befestigen

Holzlöffel, Holzspachtel für Schmalz, Holzzangen für Gurken

Ablagebretter für Boden (für Säcke gegen Feuchtigkeit)

Kasse (alte Stahlkassette oder Kistchen)

Holzeimer (mit Wasser zum Abwischen und zum Kühlen)

Bei der Markedenterei handelt es sich um den Mittelpunkt eines Lagers. Sie beinhaltet einen Getränkeausschank und einen Verkauf von kalten Speisen welche sofort verzehrt werden können und Lebensmittel (Rohware wie Gemüse, Kartoffeln, Eier etc. zum eigenen Zubereiten). Sollte ein Küchenteil neben der Marketenderei stehen in dem warme Speisen zubereitet werden sollen, müssen Bänke und Tische zum sofortigen Verzehr bereitstehen.

Unter der Marketenderei können Bänke und Tische stehen. Ich habe die Erfahrung gemacht daß nur Bänke der Unterhaltung mehr dienen. Aber das ist dem Veranstalter selbst überlassen.

Bei der Markedenterei handelt es sich um den Mittelpunkt eines Lagers. Sie beinhaltet einen Getränkeausschank und einen Verkauf von kalten Speisen welche sofort verzehrt werden können und Lebensmittel (Rohware wie Gemüse, Kartoffeln, Eier etc. zum eigenen Zubereiten). Sollte ein Küchenteil neben der Marketenderei stehen in dem warme Speisen zubereitet werden sollen, müssen Bänke und Tische zum sofortigen Verzehr bereitstehen.

Unter der Marketenderei können Bänke und Tische stehen. Ich habe die Erfahrung gemacht daß nur Bänke der Unterhaltung mehr dienen. Aber das ist dem Veranstalter selbst überlassen.

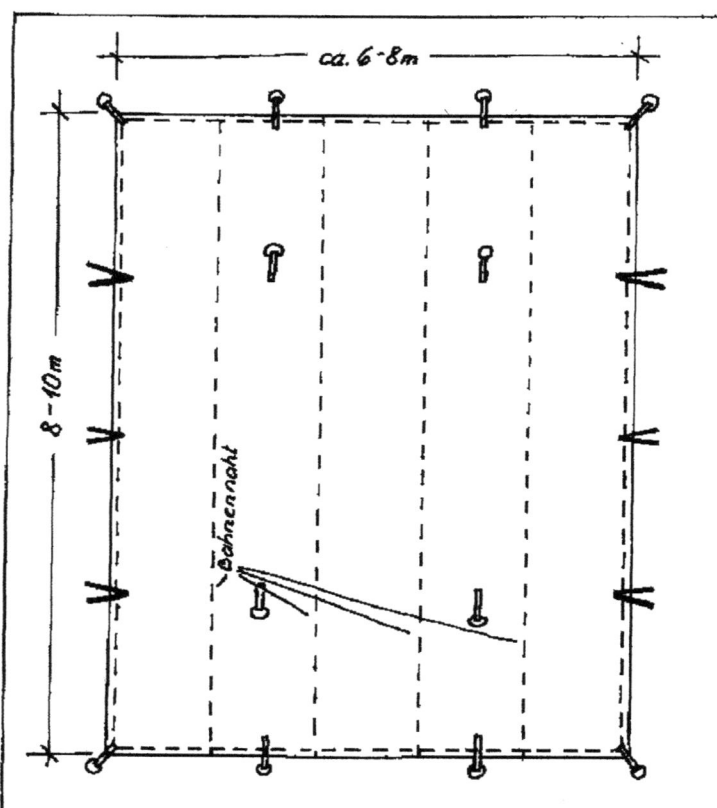

Große Plane für Marketenderei oder als Dach für
Kochstelle verwendbar.
Bei den Schlaufen an der Schmalseite, Ringe (Messing)
einnähen.
Die Außenkante wird so umgenäht, daß man ein Seil
durchziehen kann. (Es hilft beim besseren Abspannen)

G195                                          ●▷□

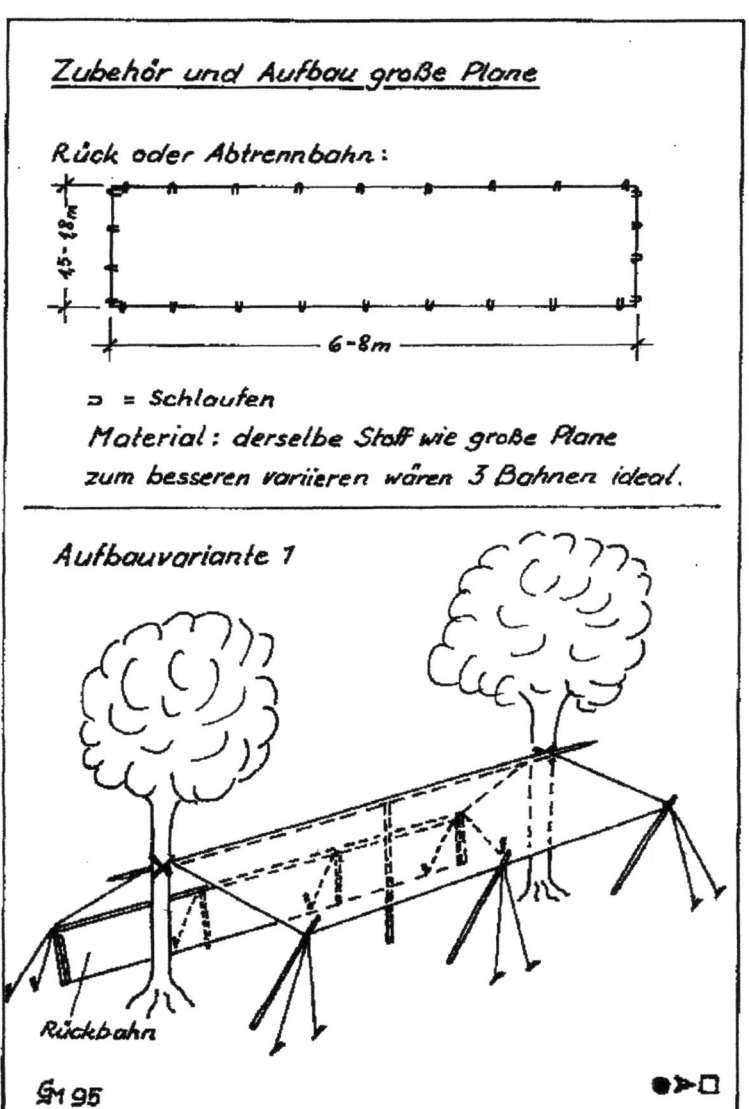

## Zubehör und Aufbau große Plane

**Rück oder Abtrennbahn:**

45 - 18m

6 - 8m

⊃ = Schlaufen

Material: derselbe Stoff wie große Plane
zum besseren variieren wären 3 Bahnen ideal.

## Aufbauvariante 1

Rückbahn

SM 95

●≻□

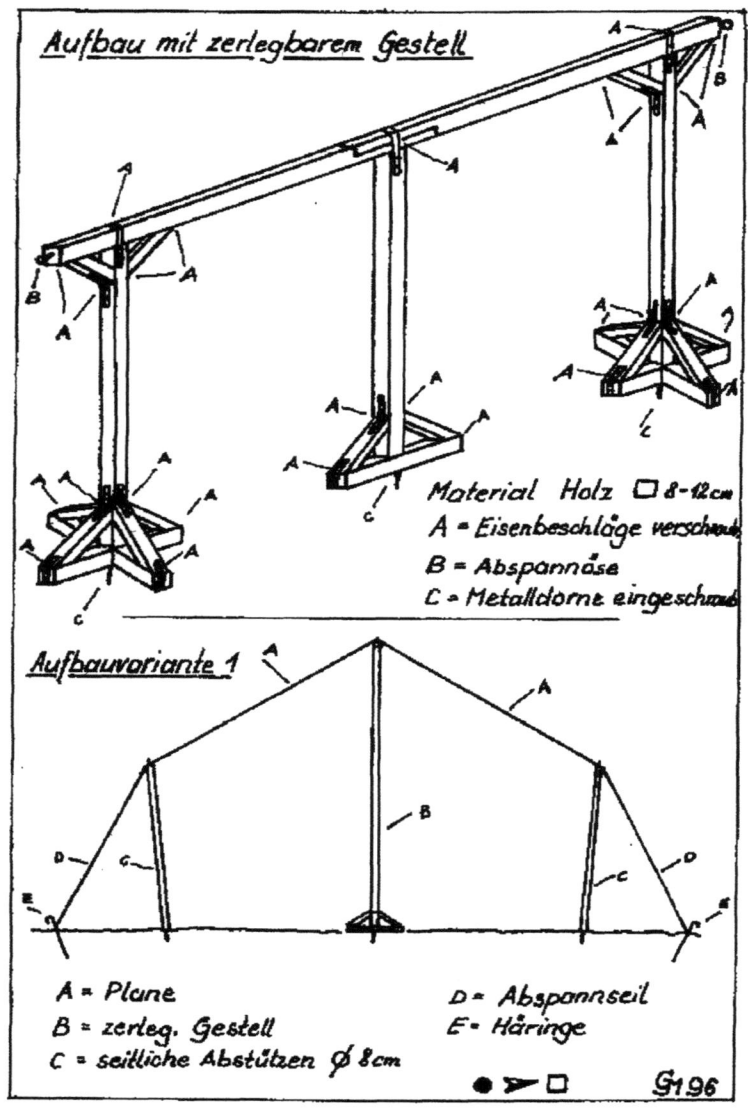

**Aufbau mit zerlegbarem Gestell**

Material Holz □ 8-12cm
A = Eisenbeschläge verschraubt
B = Abspannöse
C = Metalldorne eingeschraubt

**Aufbauvariante 1**

A = Plane
B = zerleg. Gestell
C = seitliche Abstützen ⌀ 8cm

D = Abspannseil
E = Häringe

● ➤ □                    G196

## Aufbauvariante 2 (zerlegbares Gestell)

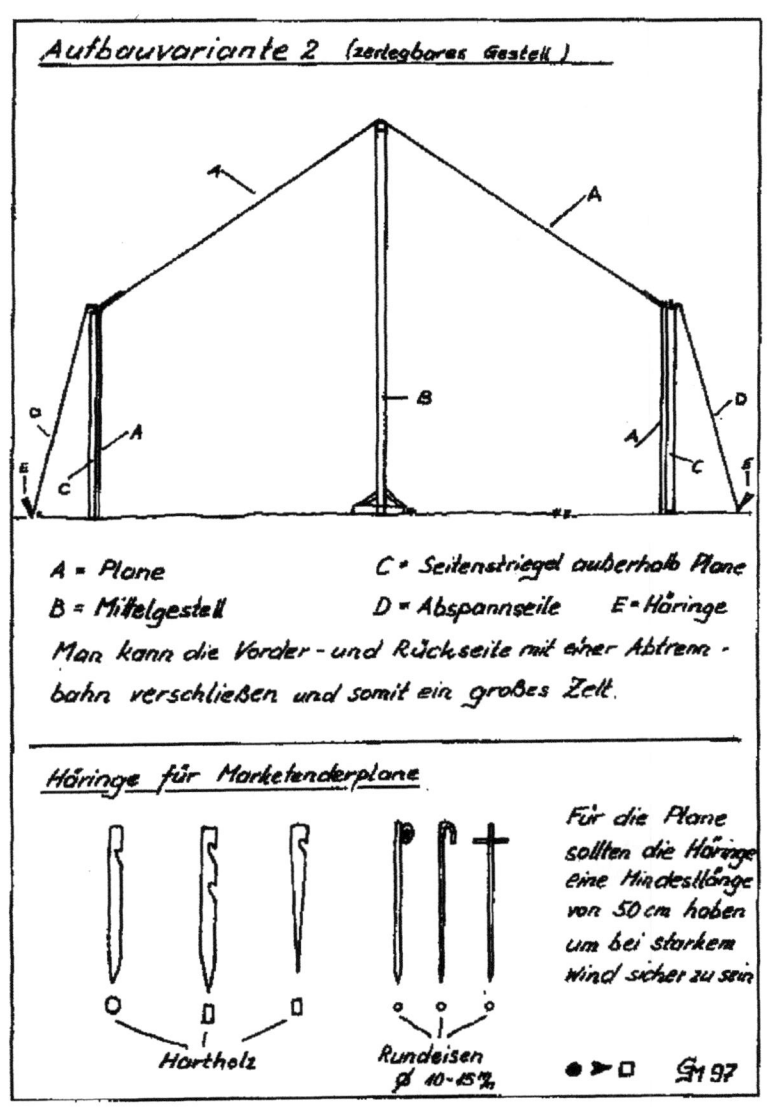

A = Plane                    C = Seitenstriegel außerhalb Plane
B = Mittelgestell            D = Abspannseile    E = Höringe

Man kann die Vorder - und Rückseite mit einer Abtrenn -
bahn verschließen und somit ein großes Zelt.

---

### Höringe für Marketenderplane

Hartholz

Rundeisen
ø 10-15%

Für die Plane
sollten die Höringe
eine Mindestlänge
von 50 cm haben
um bei starkem
Wind sicher zu sein

● ➤ ▢     G1 97

# Schanktisch

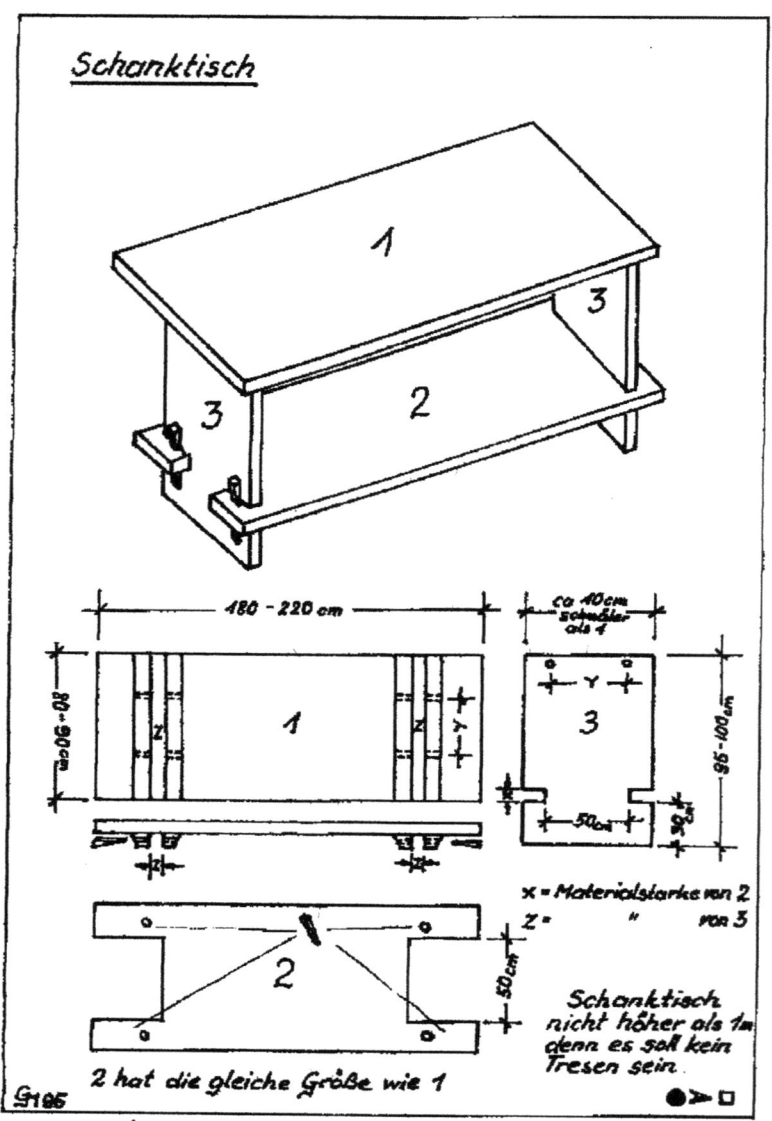

180 - 220 cm

80 - 90 cm

ca 40cm schmäler als 1

95 - 101 cm

50 cm

1

2

3

x = Materialstärke von 2

z = " " von 3

Schanktisch nicht höher als 1m denn es soll kein Tresen sein

2 hat die gleiche Größe wie 1

G105

80

# Bierbock

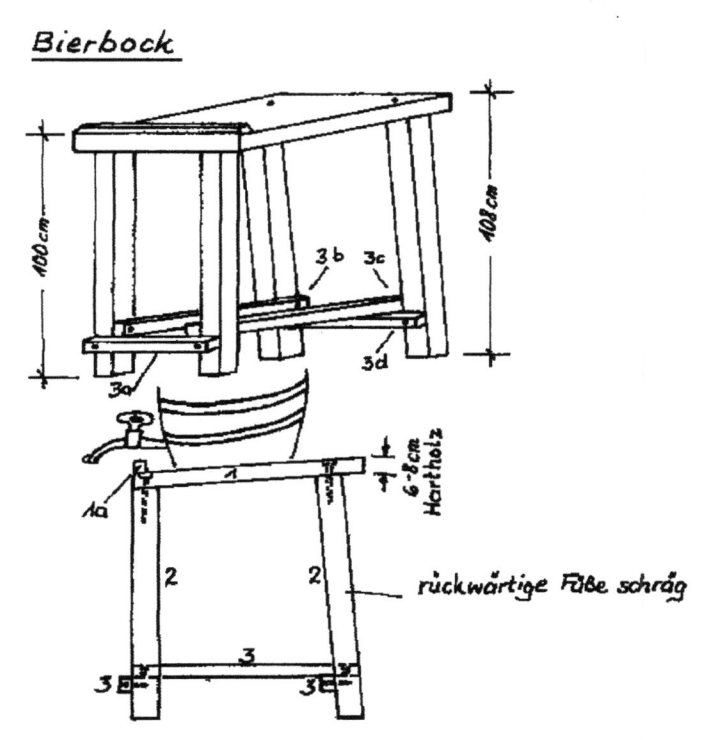

100 cm

108 cm

3b  3c

3a

3d

6-8cm Hartholz

1

1a

2        2        rückwärtige Füße schräg

3

3        3

1 = Abstellplatte für Fäßer    Stärke 6-8cm Hartholz
    Größe 80 × 80 cm

1a = Leiste 3×3 cm aufgeschraubt

2  = Füße 8×8 cm Kanthölzer  mit der Abstellplatte
    von oben mit starken Holzschrauben verschraubt.
    (Holzschraubenköpfe versenken)

3 = Stabiliesierungsleisten 5×4 cm (3 b,c,d innen)
    (3a vorne außen) verschraubt.        ●▷□

G 195

## Verkaufstisch

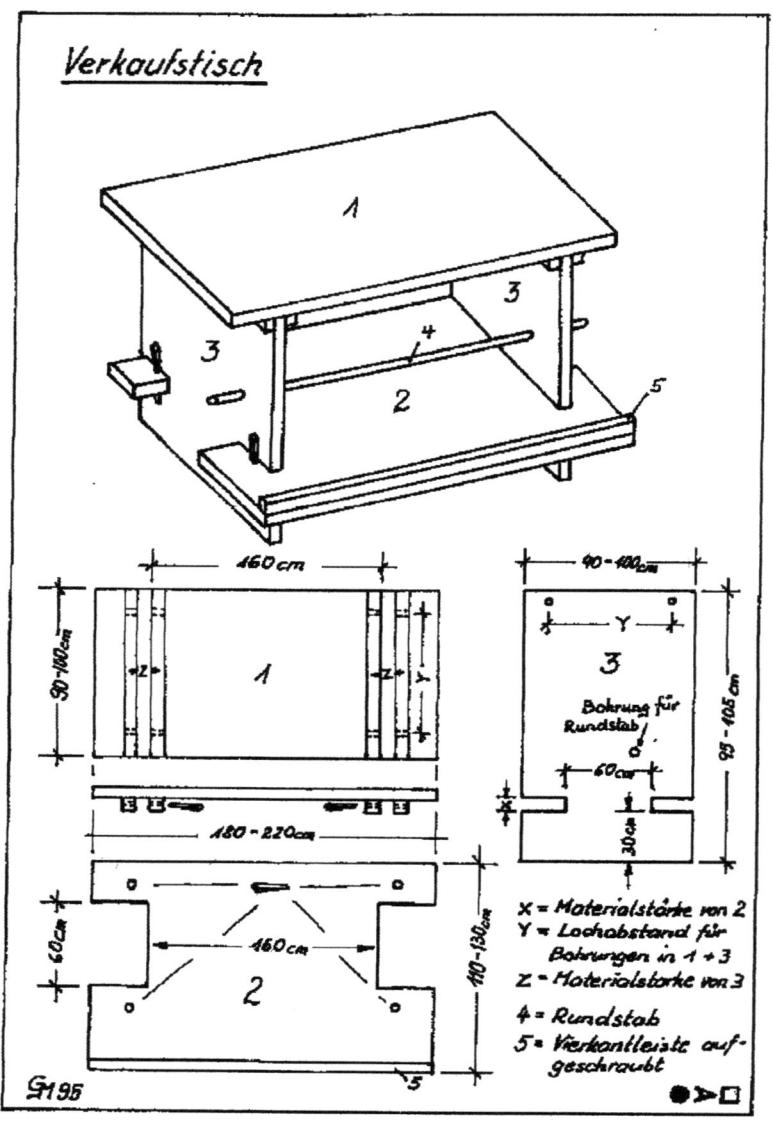

460 cm

90-100 cm

1

180-220 cm

60 cm

160 cm

2

110-130 cm

5

90-100 cm

3

Y

Bohrung für Rundstab

60 cm

30 cm

95-105 cm

X = Materialstärke von 2
Y = Lochabstand für Bohrungen in 1 + 3
Z = Materialstärke von 3

4 = Rundstab
5 = Vierkantleiste auf-
    geschraubt

G195

# Beistelltisch zum Verkaufstisch

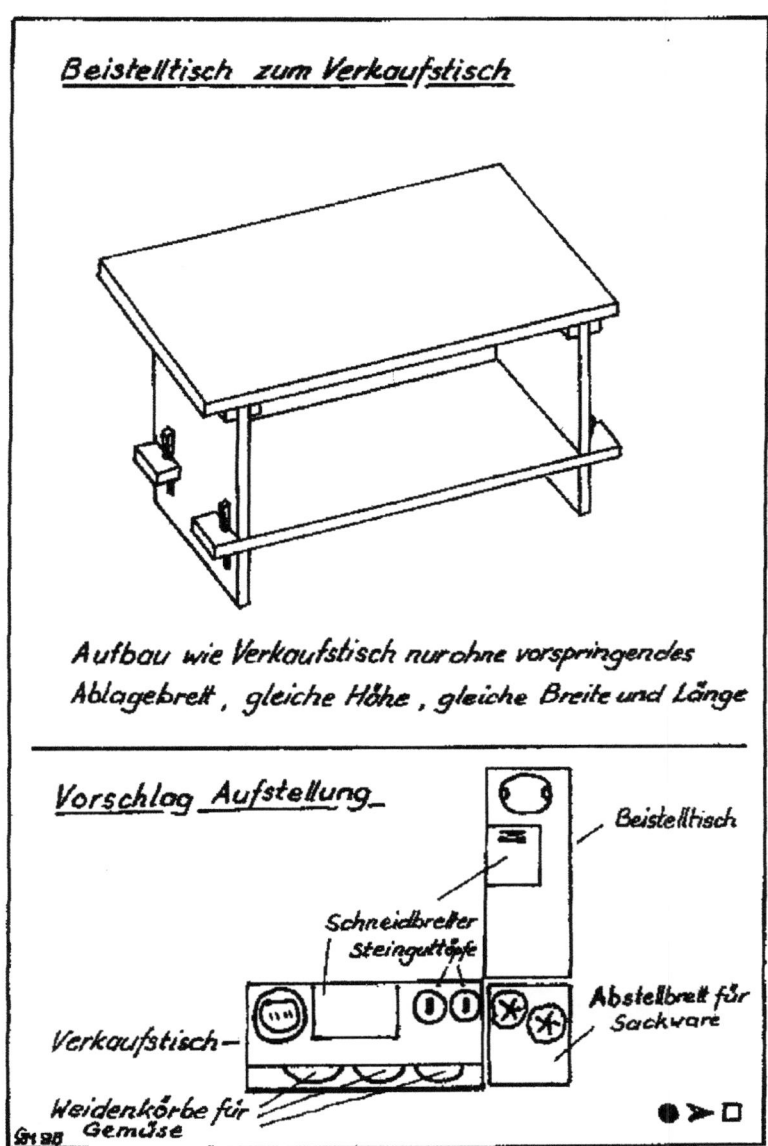

Aufbau wie Verkaufstisch nur ohne vorspringendes
Ablagebrett, gleiche Höhe, gleiche Breite und Länge

## Vorschlag Aufstellung

Beistelltisch

Schneidbretter
Steinguttöpfe

Abstellbrett für
Sackware

Verkaufstisch—

Weidenkörbe für
Gemüse

# Sägebock als Ersatzbierbock und Regalunter-gestell

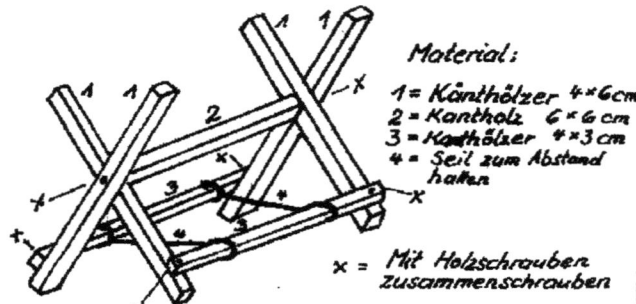

**Material:**

1 = Kanthölzer 4×6 cm
2 = Kantholz 6×6 cm
3 = Kanthölzer 4×3 cm
4 = Seil zum Abstand halten

x = Mit Holzschrauben zusammenschrauben

Durch einlegen von 2 Brettern in das obere Dreieck kann der Sägebock als Ersatzbierbock verwendet werden

Mit je 2 oder 3 aufgelegten Brettern sind 2 Säge-böcke als Regale verwendbar.
Ideale Länge ca 2,5 m
Diese Regale, haben im Boden verankerten gegenüber den Vorteil, sie sind verrückbar und um einiges schneller aufbaubar.

Bei einer Marketenderei werden durchschnittlich 4 Regale benötigt.
1 Regal hinter Schanktisch
1  "  "  Verkaufstisch
2 Regale im Vorratszelt

G 195                                          ●▶□

**Aufbau Marketenderei**

1 = Schanktisch
2 = Verkaufstisch
3 = Beistelltisch ( gleiche Höhe wie 2 mit unterer Ablage)
4 = Regale
5 = Abstellplatz für Bierfässer
6 = Bierbock
7 = Bänke

G195

## Aufbau Marketenderei Küchenteil

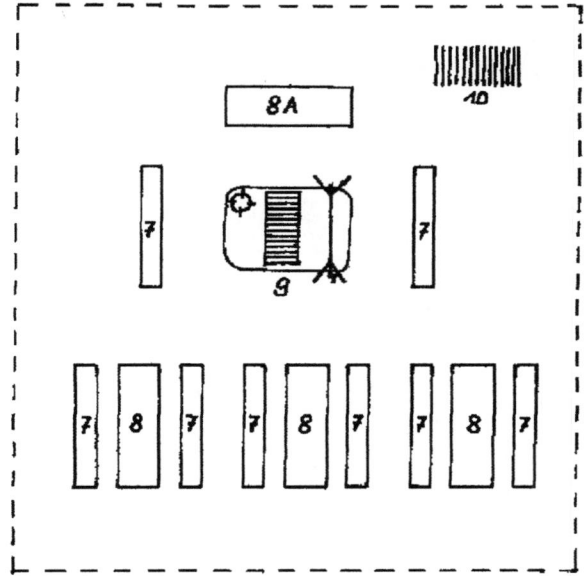

7 = Bänke

8 = Tische

8A = Tisch wie 8 extra für Zubereitungsarbeiten

9 = Feuerstelle mit Kochutensilien

10 = Feuerholz

GM95

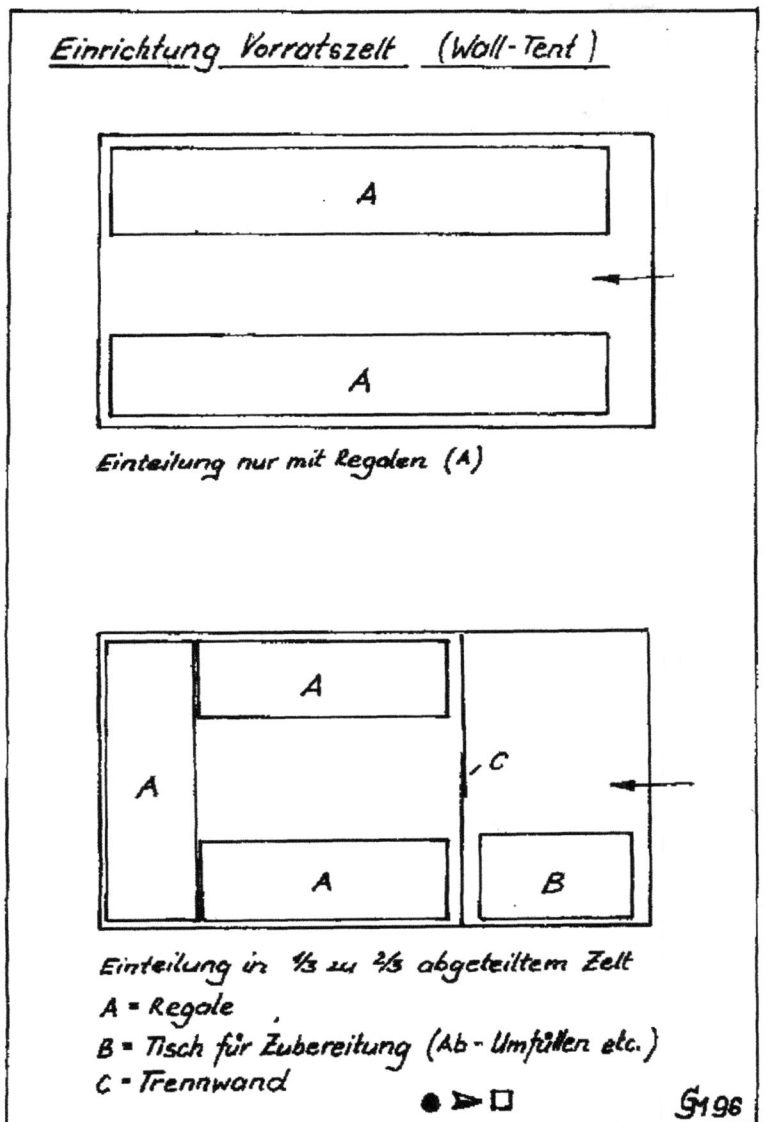

_Einrichtung Vorratszelt_ (Wall-Tent)

Einteilung nur mit Regalen (A)

Einteilung in ⅓ zu ⅔ abgeteiltem Zelt
A = Regale
B = Tisch für Zubereitung (Ab- Umfüllen etc.)
C = Trennwand

● ➤ □

G196

89

# Fundus

Zum Fundus gehört alles was in irgendeiner Weise für das Fest oder die Veranstaltung gebraucht wird.

Es ist natürlich von eigenem und geliehenen Fundus zu trennen. (Aufschreiben was wem gehört).

Ein eigener Fundus braucht viel Zeit und Geld um zusammengetragen zu werden und noch größere Lagermöglichkeiten.

Zur Grundausstattung eines Fundus gehören für eine Marketenderei ohne Küchenteil:

Schanktisch
Bierbock
Verkaufstisch
4 Regale (2 in Marketenderei, 2 im Vorratszelt)
10 Bänke
5 Tische
1 große Plane
15 Stangen mit mindestens 5-6 m Länge
2-3 Rückplanen
1 Vorratszelt

Zur Beleuchtung:
4 Stallatenen
10 Kerzenständer
reichlich Kerzen

Zur Aufbewahrung für Getränke
10 Tonflaschen oder kleine 3 ltr. Fäßchen für Schnäpse (da in der letzten Zeit Schnaps recht wenig getrunken wird dürften ca. 4 Sorten genügen)
5 Korbflaschen 10 - 15 ltr. für Mineralwasser, Säfte und Unaussprechliches (Cola)

3 - 5 10 ltr. Fäßchen für Wein, Met etc.
1 Zapfzeug Messing als Reserve (1 Zapfzeug läßt man sich von der Brauerei Liefern, neue Dichtungen mitbringen lassen.)
verschiedene Trichter
3 kleine Steinguttöpfe für Tabak, Zigarren, Fidibuse (dünn aufgespaltenes Fichtenholz zum Anzünden der Rauchwaren, Laternen etc.)
1 Holzbottich zum Krüge oder Gläserspülen (Ideal hölzerne Brotteigwanne)
verschiedenes Kleinzeug wie
1 Messer, 1 Korkenzieher, einige Korken, Wischtücher, Spülmittel, Gläserspülmittel für Gastronomie (gibt es in Tablettenform)

Für den Verkauf
1 Verkaufstisch
1 Beistelltisch
1 Bodenplatte für Sackware (Kartoffeln etc.
2 Schneidbretter (ideal sind Haushaltsbretter auf denen Teig geknetet wird)

Zur Aufbewahrung
5 große Steinguttöpfe (mindestens 5 ltr.) für Schmalz, eingelegte Gurken, gekochte Eier etc.
6 große runde Brotkörbe für Brot, Zwiebeln, Gurken, Gemüse, rohe Eier
1 Holzeimer für Wasser zum saubermachen
kleine Steinguttöpfe für Salz, Gewürze, Pfeffer
Kleinteile: Messer, 2 zinkige Gabeln, Holzzangen für Gurken, Soleier, Holzspatel für Schmalz, Lappen, Tücher zum Abdecken
10 Fleischerhacken zum Aufhängen von Wurst, Schinken etc.
2 Stallaternen
reichlich Kerzen

Fundus allgemein:

Werkzeuge und Zubehör:

Axt und Hammer
Säge (Bügelsäge oder Fuchsschwanz)
Schaufel oder Spaten
Pickel oder Hipphaue
Nägel verschiedene (auch einige Zimmermannsstifte)
Kneifzange oder Kombizange
Seil ca 100 m
Schnur reichlich
Unterlegekeile und Brettchen

Für Parkplätze:

Baustellenabsperreisen
Flatterband rot/weiß

Für Toiletten:

pro Toiletten 1 Petroleumlampe zur Innenbeleuchtung (sicherer
als Stallaternen oder Kerzen
reichlich Lampenöl
Reservedochte
Toilettenpapier (reichlich)

Bei integrierter Waschmöglichkeit:

Seife
Papierhandtücher
Abfalltüten nicht vergessen!

# Handwerker und Händler:

## Verkaufsstand:

Die Verkaufsstände der Händler und Handwerker in der gezeigten Form sind schon ziemlich alt. Sie sind schon auf Abbildungen des 15 Jahrhunderts zu sehen und haben sich seither fast nicht verändert.
Die Dach und die Rückenplane kann auch mit Markisenstoff ausgeführt werden (Farben rot/weiß oder blau/weiß längsgestreift).

Bei der Bespannung von Punkt B nach A1 befindet sich der Verkaufstisch hinten und dient als Ablage für Werkzeug und Ausstellungsstücke. Der Handwerker hat unter dem vorstehenden Dach (B), Platz für seine Vorführungen.

## Handwerk und Handel:

Jede Art von Handwerk welches in seiner Darstellung in die Zeitepoche paßt.

Schuster
Schmied
Sattler
Schreiner, Drechsler
Zimmermann
Reisig- Besenhersteller, Kerzenzieher, Töpfer
Händler:
jede Art von Händlern (Waffen, Kleidung, Ausrüstung)
Musikanten, Gaukler, Feuerschlucker
Musikgruppe welche zur Zeitepoche des Lagers passen

Die Zahl der Händler und Handwerker sollte sich die Waage halten.

Es wird nicht zu umgehen sein Handwerkern eine Unkostenentschädigung zu bezahlen, da sie im Gegensatz zu den Händlern meist keinen Umsatz (Gewinn) erziehlen.

## Gaukler, Vorfürungen

Dauer des Festes:
Das Lagerleben ist von den zum Lager kommenden Gruppen zum Teil abhängig. Für Vorführungen (Musik, Gaukler, Tänze) sollte vom Veranstalter ein grobes Konzept vorhanden sein, welches von Fall zu Fall individuell und schnell umgestellt werden kann.

Das Hautaugenmerk für Vorführungen sollte auf dem Platz vor der Marketenderei gerichtet bleiben, wofür dieser freie Platz eigentlich gedacht ist.

Es sollte vermieden werden zuviele organisierte Vorführungen durchzuführen, denn ein historisches Lager lebt von der Spontanität und der Kreativität der Besucher.

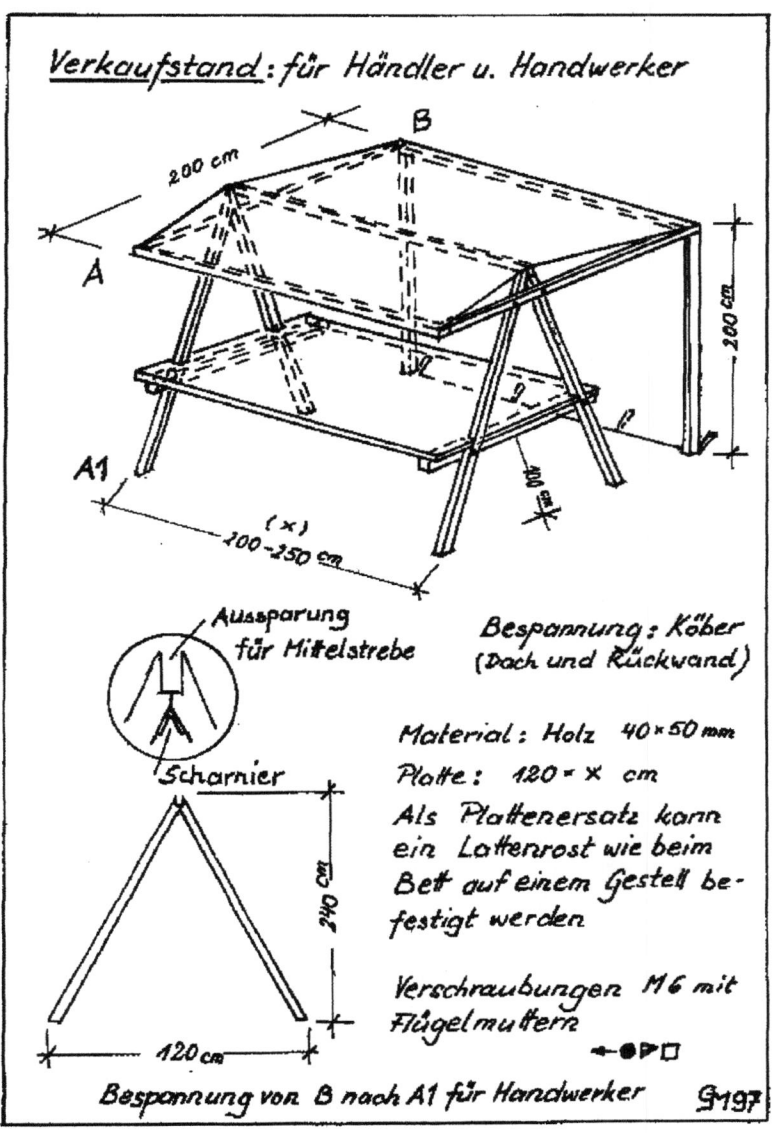

# Verkaufstand: für Händler u. Handwerker

**B**

200 cm

**A**

200 cm

**A1**

(x)
100-250 cm

Aussparung
für Mittelstrebe

Scharnier

240 cm

120 cm

Bespannung: Köber
(Dach und Rückwand)

Material: Holz 40×50 mm

Platte: 120×X cm

Als Plattenersatz kann
ein Lattenrost wie beim
Bett auf einem Gestell befestigt werden

Verschraubungen M6 mit
Flügelmuttern

Bespannung von B nach A1 für Handwerker

GM97

95

# Das Lagerleben

Wir blicken etwas abseits einer Ortschaft auf eine kleine Zeltansiedlung. Ein strahlender Sommermorgen geht am Himmel auf. Langsam werden hier und da in den verschiedenen Zelten Laute hörbar. Hier hört man murmelnde Stimmen, dort klappert leise der erste Topf, ein Stück weiter lacht ein Kind, auf der anderen Seite bellt ein Hund welcher von seinem Besitzer zur Ruhe gerufen wird. Ein kleiner Säugling weint nach seiner ersten Mahlzeit und wird von seiner Mutter beruhigt. Einige Minuten später werden die ersten Zelte geöffnet und die ersten Menschen dieses neuen Tages erscheinen, blicken prüfend zum Himmel und erfreuen sich daran daß die Sonne scheint. Von Zelt zu Zelt erschallt ein "Schönen guten Morgen, gut geschlafen". Mit fröhlichem Lachen springen Kinder umher. In oder vor den Zelten fackeln die ersten Feuer auf, denn die Leute die sich hier versammelt haben möchten jetzt auch frühstücken. In der Nähe Trommelwirbel eine befehlsgewohnte Stimme, eine Gruppe seltsam gekleideter Menschen marschiert vorbei. Die Miliz ist zu ihrem morgendlichen Appell angetreten. An einem der Feuer stehen zwei Frauen beieinander und unterhalten sich. Fast überall im Lager regt und bewegt sich langsam etwas. Die verschiedenen Handwerker fangen mit Ihrem Tagwerk an, der Schmied entzündet ein Feuer in seiner Esse, der Steindrucker zeichnet sein begonnenes Bild weiter, der Schuster näht an seinem angefangenem Stiefel, ein weiterer sitzt vor seinem Zelt und repariert seine aufgerissene Tasche so hat jeder eine Tätigkeit welche er noch erledigen muß, damit herrscht schon jetzt ein reges Treiben in diesem so seltsam anmuteten Stückchen Land.

**Ein historisches Lager ist erwacht.**

Weiterhin beobachten wir im Laufe der folgenden Stunden wie sich immer wieder kleine Gruppen bilden, sich unterhalten, miteinander lachen, sich gegenseitig ihr neuesten Errungenschaft oder Arbeiten zeigen. Kinder welche miteinander spielen und laufen. Eine Pyramide! Hier eine Pyramide? Bei näherem Hinsehen entpuppt sie sich als die zusammengestellten Gewehre der Miliz. Auf einigen ausgebreiteten Decken haben sich einige Mütter mit ihren Säuglingen niedergelassen um die etwas ruhigere Zeit bei einem gemeinsamen Plausch zu verbringen. Einige flanieren bei den Handwerkern vorbei und begutachten recht fachmännisch die hier ausgestellten Waren, wobei hier auch einige Stücke den Besitzer wechseln. Reges Treiben herrscht auch in der Marketenderei bei einigen diversen Getränken und die Unterhaltungen werden immer intensiver und fachkundiger. In einer anderen Ecke handeln einigen Leute mit ihren Sachen, welche sie zum Verkauf anbieten und die auch reges Interesse hervorrufen. Mit einem Trommelwirbel werden die Militärgruppen wieder zum nächsten Appell gerufen. So vergehen die Stunden wie im Fluge und man kann sich gar nicht satt sehen an diesem ruhigen und doch so geschäftigen und lustigen Treiben dieses so anderen Völkchens.

Der Sommertag neigt sich seinem Ende zu. Am Horizont versinkt langsam mit einem goldenen Blitzen die Sonne. In unserem Lager herrscht teilweise noch geschäftiges Treiben. Die Frauen laufen hin und her um das Abendessen vorzubereiten. Andere sitzen noch gemütlich um ein Feuer, wieder Andere nähen zusammen. Die Handwerker verstauen ihr Werkzeug für die Nacht. Die Mütter bringen ihre Kleinkinder zu Bett. Vor einigen Zelten wird schon gegessen. Auf einem freien Platz hält die Miliz ihren Abendappell ab. Hier gehen noch einige spazieren. In einigen Zelten wird schon ein Licht entzündet. In der Marketenderei sitzen oder stehen schon ein Teil der hier Versammelten und lauschen der Musik die von einer Gruppe gemacht wird, einige

Andere führen eine Diskussion, wieder andere lachen, bestimmt über einen Scherz. Wieder eine andere Gruppe sitzt bei einem Würfelspiel beieinander. Hier ist ein ständiges Kommen und Gehen. Im Lager brennt jetzt schon fast in oder vor jedem Zelt ein Licht. Von unserem Beobachtungsplatz sehen die Zelte wie große Lampions aus. Das Lager bereitet sich langsam auf die Nachtruhe vor. Ein Stück weiter feiert noch eine Gruppe. Da schaut eine Frau nach Ihren schlafenden Kindern. In der Marketenderei tanzen einige zu der Musik. Hier haben sich jetzt fast alle versammelt. Diese Fröhlichkeit dauert noch eine Weile aber langsam kehrt auch hier Ruhe ein, die Menschen gehen in kleinen Gruppen oder alleine zu Ihren Zelten um sich zur Ruhe zu begeben und es wird ruhig in unserem Lager. Die Musik hat aufgehört zu spielen, die Diskussionen werden etwas leiser und ruhiger. Jetzt haben sämtliche Gespräche aufgehört und unser Lager begibt sich endgültig zur Nahtruhe, aber wer läuft hier noch? Die Nachtwache der Miliz. Es herrscht Stille.

## Unser historisches Lager schläft.

So oder in ähnlicher Form würde ein Außenstehender ein gutes historisches Lager sehen und sich in die Vergangenheit zurückversetzt fühlen. Und so sollte es auch sein.

Sollte ein Lager in ähnlicher Form veranstaltet werden wartet eine Menge Arbeit auf Sie. Was Sie brauchen ist viel Zeit für die Vorbereitungen und bei der Veranstaltung gute Nerven und wenn das Lager in obenbeschriebener Form abgelaufen ist, war es den ganzen Streß doch wert. Die Reaktionen der Teilnehmer wird Sie dafür bestimmt entschädigen.

# <u>Nachwort</u>

Das erste Anleitungsbuch über dieses Thema ist nicht nur für Veranstalter von historischen Lagern, sondern auch für Besucher selbiger gedacht. Vielleicht reift bei dem einen oder anderen mit diesem Buch der Entschluß einmal die Fronten vom Teilnehmer zum Ausrichter zu wechseln, wobei Ihm dieses Buch hoffentlich einige Hilfe leisten wird.
Alle Unwägbarkeiten sind nätürlich nicht aufgeführt.
Unvorhergesehenes läßt sich in den  meisten Fällen mit etwas Eigeniniative, Ideenreichtum und der Unterstützung von guten Freunden sicher aus dem Weg räumen.

Ich wünsche allen Veranstaltern

**„gutes Gelingen"**

und den Teilnehmern

**„viel Spaß"**

Manfred Gundel

# Quellennachweis

Eduard Wagner:
TRACHT, WEHR UND WAFFEN IM 30.JÄHRIGEN KRIEG

Ruth Blackwenn:
ZELT UND LAGER

Reinhold Müller und Wolfgang Rother:
DIE KURFÜRSTLICHE - SÄCHSISCHE ARMEE UM 1791

Siegfried Fiedler:
KRIEGSWESEN UND KRIEGSFÜHRUNG IM ZEITALTER
DER LANDSKNECHTE

Georg Ortenburg:
WAFFE UND WAFFENGEBRAUCH IM ZEITALTER DER
KABINETTSKRIEGE

Georg C. Neumann und Frank J. Klavic:
COLLECTOR`S ILLUSTRATED ENCYCLOPEDIA OF THE
AMERIKAN REVOLUTION

Robert C. Wheeler:
A TOAST TO THE FUR TRADE

James A. Henson:
VOYAGEURS SKETCHBOOK

Ted Spring:
SKETCH BOOK 56 vol. I, II, III

Robert L. Klinger:
SKETCH BOOK 76
Wurlitzer:
HISTORISCHE WERKSTÄTTEN

John Seymour:
LEBEN AUF DEM LANDE VERGESSENE KÜNSTE,
VERGESSENE HAUSHALTSTECHNIKEN

Zeitgenössische Stiche und Abbildungen von Feldlagern
(16. - 18 Jahrhundert).

Besonders wervolle Quellen und hilfreiche Anregungen erhielt ich
von den Herren

Georg Schindlbeck, Schierling
Horst Eckstein, Nürnberg

# **In Vorbereitung**

Ausrüstungen und Bewaffnung des 30jährigen Krieges, Mitte 2000

Bekleidung des 17.ten Jahrhunderts, Ende 2000

Bekleidung des 18.ten Jahrhunderts, Mitte 2001

# Der Zeugmeister

### Herstellung und Vertrieb historischer Ausrüstungen

Wir stellen für Sie Ausrüstungen, Bekleidungen, Zelte des 17.ten und 18.ten Jahrhunderts für historische Feste her.

Auserdem fertigen wir für Sie nach Ihren Angaben spezielle Lederartikel, wie Rapir- und Dolchscheiden, Radschloßtaschen, Bandoliers etc..

Sollten Sie einen speziellen Wunsch haben, schreiben Sie uns oder rufen Sie an.

Manfred Gundel,    Leyher Straße 105,    90431 Nürnberg

Tel. 0911 / 26 62 44, Handy 01712841595, Fax 0911 / 3187329

# Historische Marketenderei

# „Zum durstigen Löwen"

**Historische Marketenderei des 17.ten und 18.ten Jahrunderts. Vollausgestattet mit Personal, Auf- und Abbau und Betrieb oder zum Selbstbetrieb zu vermieten.**

Informationen:

Manfred Gundel
Leher Straße 105
90431 Nürnberg
Tel. 0911 - 26 62 44
Mobil 0171 28 41 595

# Der Schuster

## Historische Schuhmacherei

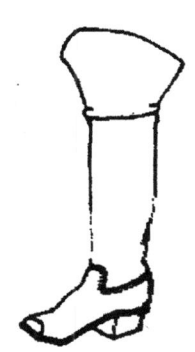

**Historisches Schuhwerk, Reiterstiefel des 17.ten Jahrhunderts, Schnallenschuhe des 18.ten Jahrhunderts, Damenschuhe des 17.ten und 18.ten Jahrhunderts fertigt in Handarbeit aus naturgegerbtem Leder für Sie**

### Der Schuster

Schuhmacherei und Ortopädieschuhtechnik
Inh. Karlheinz Thanner
Friedrichstraße 14
90762 Fürth/Bay.
Tel. 0911 - 77 58 54

Telefax 0911 - 74 86 54

# Marketenderei

# „3ur Kanne"

Historische Marketenderei des 18.ten und 19.ten Jahrunderts. Vollausgestattet mit Personal, Auf- und Abbau und Betrieb oder zum Selbstbetrieb zu vermieten.

Informationen:

Karlheinz Thanner
Friedrichstraße 14
90762 Fürth/Bay.
Tel. 0911 - 77 58 54
Telefax 0911 - 74 86 54

Manfred Gundel
Leher Straße 105
90431 Nürnberg
Tel. 0911 - 26 62 44
Mobil 0171 28 41 595

Der Trend zu historischen Feldlagern wächst von Jahr zu Jahr. Um einmal aufzuzeigen welche Zelte, Ausrüstungsgegenstände, was beachtet und was verwendet werden sollte, hat ein alte Ausrichter von historischen Festen und aktiver Marketender seine Erfahrungen aufgeschrieben und gibt sie unterstützt von Detailzeichnungen, Fotos und alten Stichen, in gut verständlicher Form weiter.

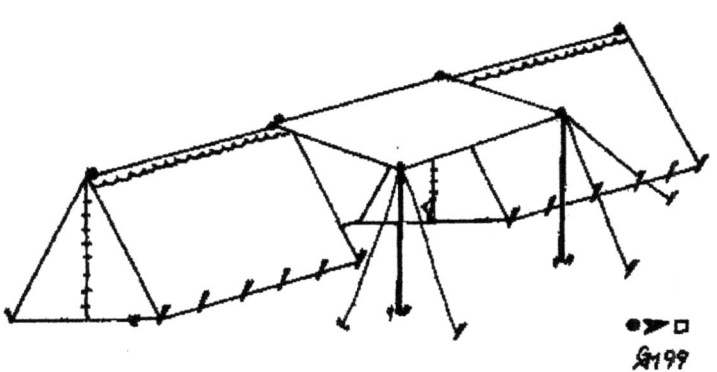